KAIKOU JI CHENGJIAO

开口即成交

欧平富　编著

中国纺织出版社有限公司

内 容 提 要

在销售过程中，许多销售员常常遇到各种难题，比如客户犹豫不决、拒绝沟通，甚至直接说“不”。其实，这些问题的根源往往在于沟通不到位。真正的有效沟通，不是一味地推销产品，而是从“心”出发，精准把握客户的心理需求，说出能打动客户的话，并巧妙运用心理学技巧，让客户从“抗拒”变为“信任”。

本书从实战沟通的角度出发，深入剖析销售中的核心问题——“如何说”和“如何做”。书中不仅提供了专业的沟通策略，还结合大量真实案例，手把手教你如何用语言打动客户、用行动赢得信任，轻松化解销售难题，最终实现高效成交。

图书在版编目（CIP）数据

开口即成交 / 欧平富编著 . -- 北京 : 中国纺织出版社有限公司 , 2025. 5. -- ISBN 978-7-5229-2584-4

Ⅰ. F713.3

中国国家版本馆CIP数据核字第2025ZK9082号

责任编辑：邢雅鑫　　责任校对：王蕙莹　　责任印制：储志伟

中国纺织出版社有限公司出版发行

地址：北京市朝阳区百子湾东里A407号楼　邮政编码：100124

销售电话：010—67004422　传真：010—87155801

http://www.c-textilep.com

中国纺织出版社天猫旗舰店

官方微博 http://weibo.com/2119887771

德富泰（唐山）印务有限公司印刷　各地新华书店经销

2025年5月第1版第1次印刷

开本：880×1230　1/32　印张：6

字数：137千字　定价：48.00元

推荐序

洞察客户需求的销售密码

在AI技术迅猛发展的今天，大模型、大数据给营销工作提供了多样化的提效工具，销售人员不仅要善于使用这些新技术，还要深入研究营销的本质，洞察客户的心理需求。只有这样，才能提升销售能力，发挥个人的独特优势。

在这个信息爆炸的时代，市场竞争更加激烈，消费者的信息来源更加多元化，接收的信息量也空前庞大，销售已经不仅仅是简单的商品交换，它更像是一场心理与智慧的较量。销售的成功与否，往往取决于销售人员是否能够准确把握客户的心理需求，以及能否灵活运用心理学知识来指导销售行为。《开口即成交》一书正是基于这样的背景应运而生，旨在帮助销售人员深入理解销售活动中的心理学原理，掌握高效沟通的技巧，从而在销售战场上立于不败之地。

本书从心理学和营销学的双重角度，对销售活动进行了全面而深入的剖析。它不仅揭示了客户在购买过程中的心理变化和行为特点，还提供了一系列实用的销售策略和沟通技巧，帮助销售人员更好地把握客户心理，提高销售效率。书中通过生动的案例和系统的讲解，将复杂的心理学理论转化为易于理解和操作的销售技巧，使得销售人员能够迅速掌握并在实践中运用这些知识。

在阅读本书的过程中，你会发现，销售精英们之所以能够取得卓越的成绩，往往是因为他们具备了一种独特的“心理洞察力”。他们能够从客户的言行举止中捕捉到微妙的信息，准确判断客户的真实需求和购买意向。这种能力并非与生俱来，而是需要通过不断的学习和实践来培养。本书正是提供了这样一个学习和实践的平台，帮助销售人员逐步提升自己的心理洞察力，成为销售领域的佼佼者。

值得一提的是，一个优秀的销售人员，不仅需要具备扎实的专业知识和良好的沟通技巧，更需要具备强烈的责任心、积极的心态和不懈的努力。只有这样，才能在面对各种挑战和困难时保持冷静和乐观，不断寻找解决问题的方法，最终赢得客户的信任。

此外，本书还详细讲解了如何在销售过程中建立和维护良好的客户关系。客户关系是销售活动的基石，只有与客户建立起长期稳定的合作关系，才能实现销售的持续增长。书中通过介绍一系列实用的客户关系管理技巧，帮助销售人员更好地了解客户需求，提供个性化的服务，从而增强客户的满意度和忠诚度。

总的来说，《开口即成交》是一本极具实用价值的销售指南。它不仅提供了丰富的销售理论和案例，还给出了一系列具体的销售策略和沟通技巧。无论是初入销售领域的新手，还是经验丰富的老将，都能从本书中获得宝贵的启示和帮助。通过阅读本书，你将能够更深入地理解销售活动的本质和规律，掌握高效沟通的方法和技巧，从而在销售道路上走得更加稳健和自信。

广东省营销师协会会长　刘志超

2025年2月10日

刘志超，博士，华南理工大学工商管理学院教授，广东省营销师协会会长，广东省企业培训研究会副会长。主要研究领域为创业教育和营销管理。主编的教材《现代推销学》《商务谈判》入选普通高等教育“十一五”国家级规划教材。

推荐序

让每一次"开口"成就价值——从千场实战中提炼的成交智慧

作为珠海培训师协会会长，我见证了珠海许多优秀讲师的成长与蜕变，但欧平富老师的经历仍令我深感触动。十五载授课足迹跨越妇联讲堂、工厂车间、政府机关与万千家庭，数百场培训的打磨沉淀、八十余万名受众的真诚反馈——这些数字背后，是一位培训师对沟通艺术的极致追求，更是对"成交本质"的深刻洞察。如今，他将凝结半生心血的《开口即成交》付梓，既是对行业的回馈，也为销售从业者点亮了一盏明灯。

1.经验淬炼真知：从"共鸣"到"共情"的桥梁

翻开欧平富老师的授课履历，一段数字令人震撼：十年间为珠海市总工会职工心理疏导授课八十余场，数万听众无差评；为中高考学生讲授减压课程的足迹遍布全国，六十余场讲座场场爆满……这些成果的底层逻辑，恰是《开口即成交》的核心——"先立信任，再谈交易"。

在书中第4章"赞美艺术：让客户心甘情愿说'是'"中，欧老师揭示了销售的关键法则：真正的成交始于对客户情绪的精准把握。欧老师曾为许多在高强度工作下深感疲惫与焦虑的流水线工人讲授心理技巧，他开场并不直入主题，而是用"我理解三班倒的膝盖酸痛，也见过凌晨四点的车间灯光"瞬间拉近距离。

这种“自我经历共鸣法”让工人们从抵触到倾听，最终实现课程效果的最大化。书中绝无空洞理论，字句皆从实战中来。

2.体系破解迷思：销售是科学，更是心理学

当下销售培训领域存在两大误区：要么沉迷“话术模板”，忽视客户心理动态；要么宣扬“逼单技巧”，背离商业伦理。而本书以“场景化心理学”为脉络，给出了系统性解决方案。例如，书中第6章“价格博弈：让客户觉得‘值’”中，欧老师从在谈判中掌握主动权、借力打力、摸清客户的“底牌”等方面提出了报价技巧和讨价还价攻略，逐步拆解客户心理防线。

3.公益初心赋能：让销售成为传递价值的艺术

2014年，欧平富老师获评“珠海十大公益讲师”。这份荣誉不仅源于他的专业能力，更因他始终秉持的信念——销售的本质是价值的双向奔赴。在为共青团珠海市委员会“12355”热线设计课程时，他阐述“减压不是灌输方法，而是唤醒学生自我认知”——这与书中第8章“服务至上：让客户成为你的‘忠实粉丝’”不谋而合。曾经有个动人的细节：某次中学讲座结束后，一位母亲含泪感谢：“您那句‘不是孩子不努力，而是我们没看见他的挣扎’让我学会了和孩子对话。”这种超越功利的人文关怀，正是本书区别于普通销售书的灵魂所在。

4.致读者：在人性洞察中修炼“开口之力”

本书的价值，绝非局限于提高签单率。从企业高管到社区志愿者，从产品经理到公益顾问，任何需要通过沟通创造价值

的职业，皆可在此找到钥匙。

三十七年前，那个从湖南永州走出的青年或许不会想到，他在偏远小学讲授语文课时积累的朗读技巧，会演变为某上市公司销售冠军的“声场控制法则”。这本《开口即成交》，是一位跨界者半生淬炼的思想结晶，愿每一位翻开此书的人，都能在“开口”之间如欧老师所期：以善意丈量商道，用真诚缩短人心的距离。

珠海培训师协会会长　谭承军

2025年2月15日

谭承军，珠海英捷企业管理顾问有限公司总经理、珠海培训师协会会长，多所高校创新创业导师。深耕企业咨询培训20年，擅长战略规划、营销策划、电商转型及新媒体运营，曾为中国电信、中国移动、中国联通、国家电网、中国南方电网等50余家知名企业提供咨询服务。著有《微创新：引爆商业重构的18个关键策略》《深度融合：互联网生态下的微创新方法》《跨界：打通线上线下，构建商业闭环》等畅销书，获“2015年珠海优秀咨询顾问”“2015—2016年珠海移动互联网杰出贡献人物”等荣誉。

前言

在当今竞争激烈的市场环境中，销售已成为各行各业的核心驱动力。无论是实体商品还是虚拟服务，最终都需要通过销售实现价值转化。对于销售人员来说，业绩不仅关乎收入，更直接影响职业发展和生活质量。然而，销售并非易事——为什么客户总是拒绝？为什么他们对产品感兴趣却迟迟不买单？面对不同类型的客户，该如何灵活应对？在成交的关键时刻，客户不断压价又该如何处理？

这些问题的背后，往往隐藏着一个核心关键：沟通与策略。许多销售人员虽然接受过专业培训，却因为一句话或一个细节而错失订单。究其原因，正是因为没有掌握高效的沟通技巧和销售策略。

研究表明，运用精准沟通策略的销售成功率高达53%，而传统推销方式的成功率仅为24%。这意味着，掌握高效的沟通方法不仅能大幅提升业绩，还能让销售变得更高效、更轻松。

那些顶尖的销售精英，本质上都是“沟通高手”。他们能从客户的言行中洞察真实需求，用精准的语言和策略打动客户，最终促成成交。你是否也希望成为这样的销售高手？是否想找到一条“快速通道”，掌握高效成交的秘诀？

本书正是为你量身打造的实战指南。从沟通技巧、客户需求洞察、产品推介、价格博弈到成交策略，全方位解析销售中的关键环节，并结合大量真实案例，为你提供具体可操作的方法。无论你是销售新人还是资深从业者，都能从中找到提升业绩的“黄金法则”，让每一次开口都离成交更近一步。

编著者

2024年6月

目录

第1章

换位思考：让客户觉得你“懂他”

“没有卖不出去的产品，只有卖不出去产品的销售员。”从销售的角度来说，这句话是非常正确的。销售员要想把产品卖出去，首先就要与客户建立良好的关系，要实现这一步，销售员就要做到最基本的一点：站在客户的角度说话。因为客户购买产品的实质是购买产品的价值，所以，你只有站在客户的立场去介绍产品，让客户看到你的产品的有用之处，他们才会认可和相信你。

责任心就是销售力：如何让客户信任你

责任心决定了一个人处事的态度，更决定了一个人做事的高度。销售也一样，一个尽职尽责的销售员不仅可以获得客户和领导的信任，也会因此有较好的销售业绩。而企业更愿意将一块市场、一个任务交给有责任心的销售员，因为在很多时候，一个企业的命运是和产品的销售业绩直接挂钩的。一个有责任心的销售人员会千方百计努力去实现自己的目标，而一个没有责任心的销售人员则会得过且过。正如一句话所说“态度决定一切”，用在销售人员身上则是：责任决定态度，态度决定一切。这就告诉销售员，在销售的过程中，一定要让客户看到你强烈的责任心。只有这样，他才会信任你，才会愿意购买你的产品。

很多销售员认为，良好的沟通能力就是能说会道，在介绍产品时侃侃而谈，在争取订单时游刃有余，其实并非如此，这些只是销售员在与客户沟通时必备的口才技巧；除此之外，销售员还要有良好的心态，其中最重要的一条就是要有责任心，即对产品负责、对客户负责、对公司负责、对自己负责。不仅如此，还要让客户从你的言谈中体会到这种责任心。

1.对产品负责任

要想让生意有长久的发展，产品的质量是重中之重。这是一个公司上到领导层，下到销售员应该共同承担的责任，也只有这样才能得到客户的信任，才能保持长期的合作。

那么，作为一名有责任心的销售员，如何对自己的产品负责呢？

（1）在向客户推销之前，要保证自家所推销的产品没有质量问题。同时，在售出的时候，要提醒客户检查好产品的质量。

（2）如果销售员不小心将有质量问题的产品卖给了客户，销售员一定要及时告知客户，以免造成一些意外损失。如果客户找上门，要求销售员承担责任时，销售员万不可推脱，也万不可有以下言论：

“我只负责销售，卖出去就不关我的事了。”

“公司又不是没有售后服务部门，你们找错人了，我不管这事。”

“你当时买的时候本来就是特价的产品，一分钱一分货，谁让你当时不买贵的。”

销售员虽然只负责销售，但毕竟产品是从销售员手上售出的，销售员对自己所卖出的产品负责，是一个销售员乃至整个企业的立身之本，更是一个销售员要具备的基本素质。产品售出后，如果出现销售员难以解决的质量问题，不要与客户争吵，要找多方人士一起研究，给客户一个合理的解释与妥善的处理。

2.对客户负责任

作为销售员，我们的最终目的是卖出产品，所以要明白，客户是我们销售业绩的最终来源。同时，销售员卖出的不仅是产品，还是一个销售员和公司的信誉。只有对客户负责并关心体谅他，客户才能把你当作朋友，使彼此之间的关系更加紧密，让客户看出你是一个值得交的朋友，是个有责任心、值得信赖的人，你才能把握、抓住机会，才能和客户进行长期合作，成为一个出色的销售者。

3.对公司负责任

有些销售员，会把自己当成公司的一分子，和公司荣辱与共；而也有一些销售员，在谈到公司的时候，使用的通常都是“他们”而不是“我们”，仿佛自己不是公司的一员，自己和公司的利益是对立的。这样的销售员，就是对公司不负责任的。真正优秀的销售员，不是单纯地为了销售而销售，而是把销售当成自己的事业，努力地为自己的团队争取利益，这样的销售员工作起来才会快乐，因为他有归属感，只有对公司负责，才能在公司给你提供的这个舞台上成长、成熟，直至成功。

4.对自己负责任

对客户、公司、产品负责，其实，归根结底是要对自己负责，销售员要明白“我在为谁工作”的问题，你是在为自己工作！“负责任、要敬业”应该是每个人在工作中要遵守的原则，而销售员也应该永远用这样的态度来对待自己的工作。

如果你想成为优秀的销售员，不妨用这种方式来检验自己，把推销产品当作自己的事业，从心里认为这是在为自己工作，而不是为公司工作。

总之，责任心是取得成功的基础，没有责任心，再怎么努力也枉然。因此，销售员必须让客户从你的言谈中看到你的责任心，当然，这不是一朝一夕就可以做到的，需要销售员在从事销售工作的那一刻起就要学习，学会对产品、客户、公司和自己负责，并有效地与客户沟通，让客户感觉你值得信赖，只有做到了这些，客户才会从心中认定你是一个有责任心的销售员，才会与你进行长久合作。

替客户说话：用真诚赢得订单

在销售活动中，客户所关心的是自己的利益，销售员所关心的是自己及公司的利益，这两者看似是矛盾的，实则是一致的。只有客户的利益得到了保障，公司的利益才有基础。因此，在认清客户重要性的前提下，销售员在说话时一定要设身处地为客户考虑，善于从客户的角度出发，为目标客户介绍最适合他的产品，为客户提供最真诚的建议，满足客户的愿望，充分理解客户、尊重客户，这样才能为自己的成功和公司的长远发展打好基础。

张兰是一名化妆品推销员。一次，公司推出一款新品，张兰就想通知自己的几个老客户，看谁对这款产品有兴趣。她拨通了第一个客户的电话。

张兰："周姐，您好，我是小兰啊。"

客户："哦，是你啊。有事吗？"

张兰："我们公司新推出一款产品，我觉得很适合您，就给您打个电话，您上次不是让我帮忙留意的吗？"

客户："哦，这样啊，我知道你说的这款，我不怎么喜欢。要不，你给我拿套那个产品吧，那是大牌子。"

张兰：“我知道您说的这款，其实，姐，这套相对来说贵很多，您可能不介意价格，我给您卖贵的，我获得的利润当然也高，但贵并不一定就适合您。说实话，这款产品，您用的话，因为肤质的关系，我怕您会过敏。我建议您再考虑一下。”

客户：“小兰啊，你可真是会为我考虑啊，我信得过你，今天下午你到我家来一趟吧。”

上述案例的这名销售员可以说是一名称职的销售员，她会站在客户的角度思考问题，自然会赢得客户的信任。

销售员要想把产品卖出去，首先就要与客户建立良好稳固的关系，要实现这一步，就要做到最基本的一点：从客户的角度出发，要了解客户，知道客户真正需要什么。对此，销售员在与客户沟通时要遵循以下几点原则。

1.理解客户的心情

客户购买产品，其实买的就是一个顺心。如果客户总能感觉到销售员对自己很理解，注重自己的心情和感受，那么客户就会被这种氛围所吸引，进而对产品投入更多的关注。

2.重视客户的利益

说服客户不仅需要较好的语言技巧，更重要的是要掌握正确的原则：围绕客户的切身利益展开说服工作，即“站在别人的角度，说自己的话”。

每个人在沟通的过程中都有一个自己预设的立场，若别人说话的立场和自己的不同，自然就会产生抗拒心理。聪明的销售员应该学会和客户站到同一个立场上去，并从客户的角度出发去思考问题。

3.帮助客户解决问题

一位好的销售员可以为客户提供解决办法，为其减少麻烦，并帮助他们拓展业务。在约见客户之前，你最好就对他们生活和工作有所了解，知道他们目前正在遭遇哪些问题。如果你的产品恰好有助于他们改善或有效解决眼前的困境，那你就要抓住机会告诉客户，你的产品在解决难题过程中有哪些优越之处。如果你的产品能够协助客户有效解决他遇到的难题，那么即便你不做过多的介绍，客户也会对你的产品情有独钟、充满兴趣，从而产生购买的想法。

关键承诺：让客户吃下“定心丸”

我们都知道，销售的最终目的是完成交易，然而，在现实的销售中，客户总是有这样那样的问题，而这些异议不被解决，便无法达成协议。客户心存异议，是由于其关心的问题未被解决，这就需要销售人员细心观察，找到关键问题并妥善解决。我们先来看看下面的销售案例。

销售人员：“请问，您对于我们的产品还有哪些疑虑吗？如果您告诉我，我一定会尽力为您解决的。”

客户：“虽说我对你们公司的产品不是百分之百的了解，但是也是做过一些功课的，因为也有其他人推销过。”

销售人员：“既然这样，两家的产品，您肯定也比较过，您的比较结果方便说出来听听吗？”

客户：“实话说，你们公司的产品在价格上还是……”

销售人员：“那除了价格呢？”

客户：“我还担心贵公司产品的质量问题，这应该是所有客户最关心的吧。”

销售人员：“这我能理解，产品质量我完全可以保证。那对于交货日期呢？您有时间要求吗？或者有什么其他的问题吗？”

客户：“哦，你不说我还忘了，通常我们会在……交货，至于其他的，我没什么问题了。”

站在客户的角度考虑问题，有技巧地进行提问和真诚地倾听，是消除客户异议的最佳方式。想要完成交易，那么你必须能够满足客户的需求，而满足客户需求的关键就是真正弄清楚他们的需求到底是什么。如何弄清客户的真实需求？聪明的销售人员会从客户的言行中找到答案。

那么，客户最关心的问题有哪些呢？在很多时候，客户都希望销售人员能够对与切身利益和产品有关的问题给予真诚且可信的答复。

1.体验到被尊重和重视

如果在与销售员交涉的过程中，客户丝毫不能感受到被尊重、被重视，那么，他是不会与销售员展开任何业务往来的。

2.了解更多的相关信息

客户花钱购买产品和服务，自然希望能花最少的钱得到最多的好处，这种心理是正常的。因此，他们通常会“货比三家”，以选择出最适合和性价比最好的产品。销售员要掌握好客户的这种心理，及时将各种情况向客户进行通报，消除他们的不安全感，从而增强他们对整个交易的信心。

3.得到关于产品质量和服务的允诺

客户想获得心理上的安稳，在得到销售员的承诺后，他们就等于吃了一颗“定心丸”。在售后中，一旦产品出现问题，他们也可以及时联系到负责的部门，从而解决这一问题。

4.自我价值的认定

客户在购买产品的过程中，要求被尊重是理所当然的，他们希望得到卖方的一种价值认定。因此，销售员如果能从客户角度考虑，告诉客户这笔生意对于销售员自己乃至整个公司都是重要的，那么，客户一定很高兴并乐意成交。

不同的客户，关心的问题是不尽相同的，有些客户关心产品质量，有些客户关心产品的售后服务，有些客户关心的是产品能给自己带来什么附加值……总而言之，销售人员需要在每一次销售实践中仔细揣摩、认真分析，通过各种适当的方式了解客户所想，从而有针对性地促进成交。在确定客户最关心的问题后，还需要销售人员对客户流露出的信息进行分析和总结。

在实际销售中，有些客户是比较坦白的，会把自己所关心的问题直接告知销售员，这会为销售员的工作带来方便，但更多时候，客户并不会直接告诉销售员自己的真实想法，这就会增加销售人员了解客户的难度。如果客户不愿意或者不能真实、全面地说出他们真正关心的问题，那么销售人员就要对客户已经流露出的相关信息进行认真分析和总结，以便找到客户最关注的内容，并及时为客户提供有效的信息反馈。

从客户的角度考虑问题，就要求在销售过程中，销售人员要特别注意，不要阻止客户说话，要尽量引导客户多谈自己的想法，即使客户所谈的内容与整个销售活动完全无关，你也要耐着性子听，不要打断客户说话，再选择恰当的时机提出成交请求，这样的销售活动往往能够水到渠成。

真诚关心：用细节打动客户的心

人都会受到周围环境的影响，客户也不例外。在销售中，面对客户时，如果我们能先放下销售，只从关心客户的角度，对客户嘘寒问暖，打开客户的心结，那么客户是愿意主动向我们诉说内心的真实需求的，销售成功率无疑会大大提高。与冷冰冰的销售言辞相比，热情的关怀有时更容易打动客户。这是因为，销售话题太具功利性，而聊聊家长里短则更显得平易近人，会拉近我们与客户间的距离。

推销大师乔·吉拉德之所以能在销售界有如此成就，其中有条重要的秘诀，那就是关心客户。无论是售前还是售后，乔总是为他们送去关心和问候。于是，他既能赢得老客户，又能吸引新客户，生意越做越大，客户也越来越多。

销售员敲开某住户的门，当他说明来意后，对方的回答是：“我们现在不需要。”

“没关系的，您现在很忙吗？看得出来，您虽然很忙，但脸上却一直洋溢着幸福的笑容，您的家庭一定很幸福吧。”实际上，女主人当时并没有笑，但听到销售员这么说，女主人果然笑了。

“噢，谢谢！我的确挺幸福的。”

“您丈夫对您一定非常好吧，我看到屋内挂的全家福了。我知道您先生是一位事业成功、在业界有影响力的优秀人士。那句话说得没错‘每一个成功的男人背后都有一个伟大的女人。’”

“呵呵，哪里啊！我也没有对他的事业帮到什么忙，只是每次他回到家里，能吃到热气腾腾、可口的饭菜，能换上干净的衬衣，能看到可爱的孩子。”

“是啊，这就是一种幸福啊……”聊着聊着，女主人已经沉浸在幸福里了。

“其实，我们对你的产品还是挺感兴趣的，等我丈夫回来后，我们一块儿去你那里看看。”女主人居然主动提到购买产品的事。

“好，谢谢！这是我的名片。”

案例中的这位销售员在被女主人拒绝后，仍然保持良好的态度，并对客户说了一些动情的话，从而试探出客户是一个感性的人。之后，他从情感的话题入手，谈到女主人的家庭，对女主人嘘寒问暖，从而获得了她的认可，让她承认“我们对你的产品还是挺感兴趣的”，从而打开了销售局面。

可见，在与客户交流时，如果我们能主动找一些情感话题，对客户说一些动情的话，想客户所想，忧客户所忧，那么，便能让客户对我们敞开心扉。销售员并不是情感专家，也不是心理学家，但销售员在推销中要注意把握情感，做情感的舵手。

那么，在销售中，销售员该如何做到嘘寒问暖，以此来感动客户呢?

1.保持微笑

著名女企业家玫琳·凯说：“对每个推销人员来说，热情是无往不利的，当你用心灵、灵魂信赖你所推销的东西时，其他人必定也能感受得到。”笑容始终是销售人员打动客户的武器，而客户也总是对那些面带微笑、热情的销售员青睐有加。因此，热忱的态度是一个优秀的销售员不可或缺的素质，可以这么说，如果没有热忱的态度，销售成功的概率也就十分渺茫了。所以，作为销售员，我们要时常把热情变成一种习惯，学会微笑，用真诚的微笑去感染他人。

2.始终诚恳表达

在与客户沟通的过程中，销售员一定要诚恳地表达，做到恰如其分，符合双方的身份，更要做到句句肺腑，客户才能感觉到你值得信赖。不然，就会引起客户的反感。

3.说话要柔和亲切

亲切是销售员说话时必须要做到的，这样才能使客户感到愉快，从而对销售员产生信任。语言的热情也决定了态度的热忱。

4.选择合适的话题

以下几个话题一般能引起客户的谈话兴趣。

（1）饮食。比如，我们可以说：“阿姨，您是不是在做饭啊，这么香，做的什么菜啊？看上去很营养啊！您家人可真有口福。”

（2）气候。比如，我们可以说：“这几天出奇地热，注意防暑啊。”而气温降低后，你也可以提醒客户：“天气凉了，记得添加衣物。”

（3）保健。这里，我们需要注意，一般中老年顾客保健意识比较强，对保健知识了解较多，我们的专业知识如果不是很前沿、很丰富，将很难吸引顾客。另外，我们的表述不能夸张，并且要备有大量信息以便顾客验证。

尽管销售员和客户之间存在着利益关系，但是这种利益关系并不是赤裸裸的金钱交易，其中还包含着人与人之间的温暖和真情。销售员要多关心客户的生活，关注他们身边发生的事情，这样才能用情感温暖客户。

为客户考虑：让销售变成“帮客户解决问题”

在与陌生客户交谈时，我们如果一味地推销，很容易使客户产生抵触情绪，而如果我们能站在客户的角度说话，善加引导，让客户打开心扉，一吐为快，那么，不仅有利于了解其内心真实想法，还有利于拉近和客户在心理上的距离，让他更容易接受你的劝说，从而获得销售上的成功。

在销售过程中，销售员经常会遇到客户推脱的情况，如果缺乏沟通技巧，推销成功的机会就变得非常渺茫，而如果我们能进行巧妙的引导，就会有所斩获。

那么，我们该如何站在客户的角度进行换位思考呢？

1.从关心客户需求入手

在现实销售中，一些销售人员完全站在自己的立场上考虑问题，希望一股脑儿地把有关产品的信息迅速灌输到客户的头脑当中，根本不考虑客户是否对这些信息感兴趣。这些销售员，几乎从刚一张嘴就为自己的失败埋下了种子。要知道，要想实现与客户积极互动的关键是要找到彼此间的共同话题，这就要求销售人员首先要从关心客户的需求入手。

对于客户的实际需求，销售人员需要在沟通之前就加以认真分析，以便准确把握客户最强烈的需要，然后从客户需求出发寻找共同话题。

2.多询问客户的意见

在销售过程中，询问不仅可以更好地控制谈话的进程，调动客户的兴趣和积极性，还可以使销售员得到更多的信息，并且这些信息会有利于促成交易。

当销售员向客户进行一段解释后，就应该向客户进行询问，看他听进去了多少，听明白了多少，他的看法如何。比如："关于这一点，你清楚了吗？"或者"您觉得怎么样？"这样就给客户提供了一个说明他的想法的机会。

3.本着为客户考虑的本意

在现实销售中，很多销售员表现出来的是为了销售而销售，这无疑会加重客户的种种疑虑，不愿购买。客户只有在认为现在做出成交决定可以获得最大利益的前提下才会真正决定成交。所以，销售人员要更多地站在客户的立场上考虑问题，要让客户明白你是在诚心诚意地替他们着想。

第2章

产品推介：让客户一眼心动

现代社会，销售行业竞争日益激烈，花样繁多的商品，无疑给销售员们带来了难题。如何为客户展示出产品与众不同的品质、如何让客户对产品产生信任，就成了销售员们工作的重点之一。展示产品就要别出心裁，让客户亲身感受产品的效果，才是让客户心服口服的最佳方法！

对比法：用“优势对比”让客户主动选择

在介绍产品的过程中，客户会有一些反馈意见。但有时候，我们会发现，客户总是觉得我们的产品不够好，这也正是让很多销售员头疼的问题。销售员对客户的意见不能轻视，更不能心存芥蒂。俗话说得好，对你的销售没有意见或者不嫌你货的人，往往是走马观花的看客，他们是不会把精力浪费在你身上的。其实，客户对产品有意见是因为客户对同类产品的价格或者是对同等价格的产品没有比较系统、全面的了解。只要我们善于对比，自然会消除客户对产品价格的疑虑。

客户：“听你这么说，我觉得你们的产品挺好的，但我还是觉得M公司的设备比较符合我们的要求，而且他们的价格比你们的要低得多……”

销售员：“的确，他们公司的产品价格比较低，而且他们的设备也不错，但是我们的产品更适合贵公司。因为贵公司每年的维修费都是一笔巨大的开支，产品的使用寿命是贵公司需要考虑的关键问题，再加上贵公司的生产方式需要一种高性能、高效率的设备，而且需要考虑设备长久的资源利用率，我们公司的产品刚好可以与贵公司的旧设备共同作业。您觉得呢？”

客户：“嗯，你说得也有道理。可是，你们公司设备的价格与他们的价格相差甚远，而他们公司的设备质量也不错。”

销售员：“他们的质量确实不错，这是一份产品的故障调查报告，我们的设备故障率只有1.2%，不知道对方有没有这样一份故障调查报告。据我所知，他们的故障率一直都是在5%左右。这样算下来，贵公司将会为此多付出几万块钱。”

上述情景中的销售员运用的就是对比的方法，让客户看到了自家产品的优势，经过综合考虑后的客户必然会做出正确的选择。

世界上没有完全相同的两片叶子，也没有完全相同的产品，有分别自然就有优劣。因此，在介绍产品的过程中，销售员运用比较的方法就能最大限度地突出产品的特点和优势，对于说服客户有很大的作用。

对比的方式有很多种，一般来说，有横向对比、纵向对比、同类产品对比、不同类产品对比等几种方法。而通常情况下，最常见的是向客户对比不同种类产品的优势，或者将竞争对手的产品与自己的产品进行对比。另外，我们除了对比产品的价格外，还可以对比产品的性能、服务等，但无论是运用何种对比方法、对比产品的哪些方面，都是在传递同一个信息，那就是产品的优势。通过对比让客户找到最满意、最适合的产品，从而加深客户的购买欲。

总的来说，有以下几种对比方式。

1.价格对比

这种对比方法可以说是最常见的，是销售人员用所推销的产品与同类产品进行比较，用较高的同类产品价格与所谈的产品价格作对比，从而让客户感觉自家产品物美价廉的方法。运用这一策略时，我们还需注意：

（1）销售员手中至少要掌握一种价格较高的同类产品，当然，掌握得越多越好，这样才更有可比性。

（2）对自己的产品要有信心。这就要求销售员在听到客户批评自己或者自己的产品时，能做到耐心倾听，并相信自己的产品，等客户批评完之后，再予以解释，巧用价格比较。这也体现了一个销售员的修养问题，然而，很多销售员在介绍产品时，一听到客户抱怨产品，就按捺不住心中的怒火，有的甚至和客户理论起来，这是断不可行的。

（3）把握客户心理，让客户自己在内心作比较。销售员在做价格对比的时候，最重要的还是要把握客户的心理。对比出效益，当我们就产品的价格进行对比之后，就不需要过多地进行进一步的解释，而是要让客户自己在内心作对比，客户自己得出结论远比我们直接告知他们妙得多！

2.价值对比

客户：“你们的设备还是不错的，但是产品的质量，我们还是有点不放心。”

销售员："这一点，您完全不必担心，我们的产品是国家质监部门多次检验合格的，设备的合格率是90%以上，而且就这同一型号的设备，我们生产的合格率达到了95%，而其他公司的产品才85%。"

客户："是吗？"

销售员："是的，您看，这里我带了关于产品质量合格的证书、检测报告等。"

客户："是这样啊。"

销售员："截至目前，我们这款产品已经在全国一百多个城市热销，月销售量达到一百万台，而到目前为止，我们也没有接到来自客户的关于设备质量的投诉。所以，您大可放心购买。"

在这个案例中，这位销售员就是从人们最关心的产品质量的这一心理出发，将自己的产品与行业内的其他产品进行对比，让客户消除了对产品质量的疑虑。

总之，在介绍产品的过程中，在客户有购买需求的前提下，只要我们巧用对比，让客户感觉到物有所值，客户一定会放心购买。

扬长避短：把劣势变成“无关紧要”

销售人员都知道一个道理，虽然客户都希望购买到质优价廉的产品，但十全十美的产品事实上并不存在。在向客户介绍产品时应扬长避短，抓住产品的优点，突出产品的长处，以此来淡化产品的劣势。

在一家超市里，客户拿着一瓶罐头对销售员说：“你们这里的东西似乎比别的地方贵。”销售员不高兴地反驳道：“怎么会呢？这种罐头在这里的售价是最低的啊！”客户：“你们这里的青豆罐头就是比别家的贵了一块钱呢！”销售员：“哦，您是说A牌的吧，那家的产品品质不好，我们已经不卖了。这款罐头，豆子色泽好，味道也好。”客户：“还有没有其他牌子的？”销售员：“有是有，不过那些都没有这款好。”客户面带愠色地说：“算了，我不要了。”

“嫌贵才是买货人”，这是销售界的一条至理名言，客户在购买产品的时候，都会有意识或无意识地觉得产品贵，这是常理。案例中的这个销售员的做法明显是不正确的，他这样说会让客户感觉到产品便宜肯定是次等货，只有没钱的人才会购买。客户一听，自然感到不舒服，更不会买你的产品。当遇到这种情况时，销售员可以从另一种角度介绍，让客户感觉这类产品虽然有缺陷，却是最适合客户的。而对于那些贵的产品，销售员应该说虽然这个牌子价格有点贵，但品质有保障，而且味道非常好。假如客户还是不接受，就给他推荐相对来说物美价廉的产品。

那么，在介绍产品时，该怎样扬长避短呢？

1.扬产品之长

每个产品都有自己的优势和缺点，销售员就应抓住自己产品的优势，把优势暴露在客户面前。

2.避产品之短

俗话说："金无足赤，人无完人。"产品不会完全没有缺陷，这一点，客户也明白。因此，销售员不要认为把产品的缺陷告知客户就是一件赶走生意的事。其实，你可以委婉地告知客户这些缺陷，但在向客户讲述产品的短处时，你不但要做好充分的心理准备，还要准备一套完整的说辞，以应对客户的提问。让客户在心平气和的状态下接受，比隐瞒客户更奏效。

3.弱化那些无法实现的需求

客户并不是无知小儿，即使把产品介绍得再完美，客户也明白，在这个世界上，没有哪一件产品是完美无缺的，推销的产品在某些方面达不到理想要求，也是不可避免的。如果你的产品达不到客户的要求，你可以从两个方面来弱化这些无法实现的要求。

其一，只提差价，强调收获。这种方法适用于很多产品的推销，如"只要多付×元，您就可以让您的孩子掌握轻松便捷、效率高的学习方式”。其二，贴近生活，弱化付出。销售员可以从大多数人的生活习惯出发，如“您只要每周少抽一包烟，购买这个产品的钱就出来了”。

4.让客户坦然接受产品短处

客户对产品的优缺点有了全面的把握，才会对产品更放心，因为客户也知道世界上没有绝对完美的产品。因此，销售员把产品的缺点对客户坦诚相告，反而会取得客户的信任，但销售员要注意将客户的眼光引向产品的优势，这样，客户就能坦然地接受产品的短处。

总之，当有多种同类产品可供客户选择时，销售员最需要做的就是扬长避短地介绍自己的产品。如何把自己的产品与其他厂家的产品作比较，让客户“选我”而“舍他”，就需要销售员有一定的技巧了。介绍产品时扬长避短的学问需要销售员在工作中慢慢体会，一旦掌握此技巧，销售员的工作会事半功倍。但销售人员还要注意：

（1）产品的卖点也就是产品的优点，但这并不代表好的卖点就能解决一切问题，优点也是相对的，销售员不要夸大长处，而要实事求是。

（2）要针对客户的实际需求来展开，而不是一味地强调长处，因为这里所谓的长处，并不一定是客户最需要的。

（3）避短不是隐瞒短处，而是把短处委婉地讲给客户，并让他们更容易接受。

产品掌控力：成为客户眼中的“产品专家”

销售人员要想成功地打动顾客，就要将产品的优越性以最吸引人的方式或语句展示给顾客，因而销售人员自己应先对所推销的商品有一个正确的、透彻的认识。销售员不妨切身体验产品，然后以自己的切身经验打动客户。因为只有真正了解了产品，才会对顾客所提出的与产品本身紧密相关的问题做到心中有数、应对自如。对此，我们不妨先来看看下面的销售案例：

在某商场的电器专区，来了一位女顾客。

顾客：“你好，小姐，为什么这台微波炉比那台贵那么多？”

销售员：“因为这台比另一台要好一些。”

顾客：“我当然知道这台更好，我是想了解它到底好在哪里，有什么更好的地方。”

销售员：“嗯，这个我不知道，我只负责销售。”

虽然只是一个商场售货员，但要想成功地卖出产品，还需要具备一些业务素质。很明显，这位销售员做得很不到位。

对于销售员来说，仅仅博得客户的好感是不够的，更重要的是要赢得客户的信任，使其最终选择购买你的商品才是最终目的所在。因此，有关商品的专业知识是销售人员必须掌握的，业务素质也应该是销售人员应具备的基础素质。

销售员必须让自己成为最熟悉产品的人，也就是产品的专家，只有这样才能应对任何关于产品的问题。同时，只有具备了专业的、丰富的产品知识，销售员才能信心十足，才能产生足够的热情，成为销售专家。其实，很多销售高手最值得骄傲的，不是自己的销售业绩，而是他们在其产品或服务方面的渊博知识无人能及。

因此，销售员在进行推销之前，一定要对产品的以下基本特征有充分了解。

1.产品的名称

产品名称的来源必当是有一定意义的，销售员必须明白这一点，因为很多客户会无意中问到这个问题。实际上，有些产品的名称本身就具有特殊的含义。这些名称就包含了产品的基本特征，有可能也包含了产品的特殊性能等。

2.产品的技术含量

产品的技术含量指的是产品所采用的技术特征，对此销售人员应该心知肚明。在销售时，要扬长避短，尽量将产品的技术含量告知客户，可以弱化但不能隐瞒其不足，要引导消费者正确认识产品。

3.产品的物理特性

所谓物理特性，也就是产品的一些外在特性，包括规格、型号、材料、质地、美感、颜色和包装等。

4.产品的效用

客户最关心的永远是产品能给自己带来什么用处，关于这一点，销售员必须要予以重点说明。在说明时应该注意以下几点。

（1）产品卖点。指的是产品的与众不同之处，也就是能产生特殊效用的地方，包括产品蕴含的新功能、其他产品所无法提供的功能等。

（2）品牌价值。在现代社会，品牌意识已经出现，消费者比过去更加注重产品的品牌知名度。

（3）性价比。这是理智的消费者会着重考虑的因素，他们一般会以最公道的价格买到最实用的产品，并且，在购买某些价格相对比较高的产品时，这种考虑会占比更大。

（4）服务。产品的服务不仅指的是售后服务，还包含销售前的服务和销售中的服务。

体验为王：让客户亲自感受产品价值

人们常说："耳听为虚，眼见为实。"相比销售员所说的，客户更愿意相信自己的眼睛看到的，更愿意相信产品带给自己的真实感受。也就是说，如果我们能积极创造出让客户参与产品演示的机会，让客户用视觉、嗅觉、味觉、触觉等感官亲身体验产品，一旦客户对产品有了一些切身体会，他们就更容易联想起拥有产品之后的感受，就能很快明晰产品给他们带来的好处。所以，对于销售员来说，完全没有必要不舍得让客户使用自己的产品，客户只有亲眼看到产品的效果，亲自感觉到产品的好处，才会更乐意购买产品。

也许你的产品名不见经传，客户根本没有听过；也许你的产品没有打过广告，但质量远比那些家喻户晓的产品好得多；也许……但你的客户并不了解，那么，你该如何让客户相信你的产品？这时就只有一种销售方式可以帮助你，那就是体验式销售，推销大师乔·吉拉德就是这方面的行家。

这天，乔·吉拉德所在的汽车展厅又迎来了一位客户。经过沟通和了解，乔向她推荐了一款合适的车型。那位客户看着崭新的汽车，左转转右转转，好像非常欣赏。

“夫人，如果您不介意，可以坐上去试试？”

“是吗？你们对面的福特车行，每款车上都写着‘请勿触摸’，你们的车可以试试吗？”

“当然可以！”

这位女士坐在驾驶座上，握住方向盘，触摸操作一番。从车里出来后，那位女士说：

“不错，新车的味道真好！”

“那您决定买这辆车吗？”

“哦，我再考虑考虑，好吗？”

“亲爱的夫人，您可能还不知道这辆车驾驶起来有多么舒服。您愿意把它开回家体验一下吗？”

“真的吗？”这位女士感到不可思议。

“当然，没有任何问题！”

后来，这位女士决定购买这辆车，因为她把车开回家之后，丈夫、孩子和邻居都赞不绝口，这让她感到很满足。

乔·吉拉德之所以可以成功推销这辆车，是因为他在让客户参与方面做得很成功，让客户了解到了这款车的方方面面，满足了客户的好奇心。其实每个人都有很强的好奇心，特别是对自己不太了解的产品，都喜欢亲自接触和尝试。

不论你推销的是什么，都要想方设法完美展示你的商品，而且要记住，让顾客亲身参与，如果你能吸引住他们的感官，那么你就能影响他们的感情。

销售员在介绍产品的过程中，通过让客户体验来让客户信服产品的质量，直观的、实地的演示向客户传达了感性的体验，这不同于单调生硬的说明书，具有及时、生动和有效的特点，能引发客户的购买动机，直接刺激客户的购买欲望。因为，无论你对产品的介绍是如何美妙，客户心中总是存有疑惑的，不如让客户亲身体验产品来得痛快。客户亲身体验产品，还可以省去销售员不少口舌，产品的性能和特点都会在客户体验中表现出来，不需要你费尽心机去说服客户。

那么，如何让客户参与产品的体验呢？

1.要告诉客户“买不买没关系”

很多时候，客户因为戒备心理会拒绝体验产品，他们认为销售员会为了推销而推荐产品。对此，销售员不妨主动打消客户在体验产品前的顾虑和芥蒂，让其毫无防备地试用产品，并告诉顾客“买不买没关系，看看效果而已”。比如，我们可以这样说：

“先生，一样的衣服穿在不同的人身上效果不一样。我说得再好，如果您不试一试是看不出效果的。以您的气质和身材，穿这件中号、藏青的，效果一定不错。光说是不行的，一定要穿在身上才能看出效果，其实买不买真的没关系，要不您过去试试？”

2.引导客户参与体验产品的互动

在通常情况下，单纯地劝说客户体验产品远比不上引导的效果好。而销售员一定要在这种引导的过程中，采取一些互动措施。因为客户是不会主动告诉你自己对产品存在哪些不满的，我们要引导客户说出来。如果没有互动这个环节，那么客户会把这些疑问搁置，最终结果只会是：即使客户在你介绍的过程中对产品产生兴趣，最终也会丧失这种兴趣。因此，销售员只有不断和客户互动，及时发问，才会了解客户的想法并很好地引导客户的思维。发问会让客户更加积极地参与其中，对产品的感受也会更加深刻。

3.即便顾客不购买，也不要不满或抱怨顾客

当客户试用完产品后，可能会表示不购买。此时，销售员若说“真的很适合，您就不用再考虑了”或者直接收起产品，这都是错误的反应，都体现了一种抱怨与不满的情绪，这是绝对不应该有的。因为这种消极的情绪和想法，对于积极成交和提升业绩没有丝毫帮助，不仅如此，还可能会与顾客发生争执，这更是得不偿失。

总之，一个好的演示一定要让顾客参与其中，乐于享用商品的感觉，从而由衷地称赞商品带给他的感受。作为销售员，如果你能劝服客户试用、体验产品，就能对客户的真实想法有进一步的了解，从而对症下药，为下一步的销售工作打好基础！

卖点提炼：抓住客户的“痛点”和“爽点”

在销售过程中，我们通常会遇到这样的情况，无论我们怎么陈述产品的优点、劝客户购买，客户都提不起兴趣，最终还是放弃购买。很多经验尚浅的销售员会在这时选择放弃推销或者继续喋喋不休地向客户推销产品。而实际上，这两种做法往往都是无效的。原因是什么呢？主要是销售员只是为了介绍产品而介绍，而这种介绍无异于念产品说明书。此时，如果我们能转换一下介绍产品的方法，尽量向客户陈述产品的卖点，用产品的卖点打动客户，那么情况可能就截然不同。

小李是阳光通讯公司销售代表。最近他要推销公司的宽带，这天，他向一个潜在客户打电话。

“您好，我是阳光通讯公司的小陈，听说您最近买了新房子，您有安装宽带方面的需求吗？”

“哦，不好意思，我大部分时间都不在家里，所以宽带基本上用不着。”

“没关系的。对了，小姐您的声音真是动听啊，和您通话我真的感觉很舒服，请问您是在电视台工作吗？”

“你怎么知道的？我就是在电视台担任播音员，所以每天都很忙。”

“刚听到小姐的声音就觉得很动听，与您聊天真是一种享受。请问小姐是跟家人一起住吗？”

“我爸爸跟我住。”

“原来是这样啊，那我建议小姐可以安装一下宽带，因为您想，一个老人单独在家，他会孤独，而且，现在老人上网已经是一种流行趋势。最重要的是，我们的宽带年费很便宜，您只需要一个月花费八十元就行了。”

“是吗？这还挺便宜的，要不，你周末来我家安一个吧。”

“好的。”

案例中，在客户表明自己并不需要宽带服务后，小李并没有就此放弃，而是继续与客户通话，并利用真诚的赞美获得了客户的好感。此时，面对小李再询问是否和家人一起住时，已经消除戒心的客户自然会真实回答。聪明的小李便从此处着手，发现了客户的购买需求，然后，他再强调宽带服务费便宜这一最大的卖点，于是客户就欣然接受了。

可见，我们在推销的时候，一定要学会变通，不要为了介绍产品而介绍。要知道，我们的最终目的是满足客户的需求，如果背离这一点，我们的销售业绩只会停步不前。

这则案例同样给我们一个启示：只有充分向客户展示产品的卖点，并挖掘出客户的需求，才有可能令客户动心，最终达成购买协议。那么，具体来说，我们该怎么做呢？

1.提问法可以帮助我们了解客户的需求

在介绍产品时，如果我们发现客户对我们的介绍不感兴趣，我们就要思索：我们的产品是不是不能满足客户的需求呢？此时，不妨通过提问来获取答案。这里，提问的方式有两种：开放性问题和限制性问题。开放性的问题可以获得大量的信息，但也容易偏离谈话的方向。限制性问题可以引导谈话方向，但是会产生被盘问的感觉。

准确了解客户对产品的需求后，再围绕客户所需要的产品展开介绍和宣传。了解客户基本需求是导购人员与客户第一次接触首先要明确的问题。

2.介绍时突出产品的特点与个性之处

随着市场经济的发展，人们对产品的要求也逐渐提高，并逐渐钟情于那些另类、独特、具有特殊卖点的产品。一旦他们认识到我们的产品具有这些特点，就会难以放弃，他们可能认为再也找不到这样的产品，从而产生很好的情感归属。因此要想留住顾客，不让我们的顾客被竞争对手抢走，我们首先要学会满足顾客的需求。增添产品个性化的语言是提高其市场竞争力的主要手段。

3.要把客户的需求引导到产品的优势上来

在销售中，谁是产品专家？应该是销售人员，因为产品是他们每天都在接触的对象，他们对于自己产品优缺点的了解胜于客户。案例中的销售员小李就很会巧妙过渡，将客户家人的需求过渡到自己的产品服务上，从而让客户对自己的产品服务产生认同。

总之，无论我们的产品质量如何、高科技多么发达、经营的策略多么先进，我们都需要以最恰当的方式传达给客户，而不是为了介绍产品而介绍，否则我们的介绍和产品说明书就没什么不同。要想真正留住客户，就需要我们满足客户的个性化心理需求！

第3章

兴趣引导：让客户主动听你说

不少销售员总是会有这样的苦恼：无论他们怎样劝说客户购买，如何介绍产品的卖点，客户似乎总是不为所动，甚至还没等销售员开口，他们就习惯性地拒绝，这是为什么呢？原因很简单，我们说的话再多，如果不是客户想听的那也是无效的。如果我们能在言语沟通中用点儿“小心思”，从客户感兴趣的话题开始谈起，客户的思路自然会跟着我们走！

卖点挖掘：让客户看到“非买不可”的理由

作为推销员，我们都知道，成交才是我们推销的最终目的，而在这个过程中，让客户感受到产品带来的美好感觉，并对销售员以及产品产生信任，就成了推销员要努力做到的工作。的确，在推销中，产品占据了重要地位，为了达成交易，我们需要说客户想听的话，而引人入胜便是方法之一。对此，我们先来看看推销大师乔·吉拉德曾经的一次经历：

那时，吉拉德刚从事推销行业不久。一次，他向一家旅行社咨询去拉斯维加斯的费用。到了旅行社之后，他随手拿起一本夏威夷旅行的指南，一位推销员见状便向他走来，问：“打扰了，先生，请问您去过夏威夷吗？”

“去过，不过是在梦里！”吉拉德开着玩笑。

“那么，你一定会爱上夏威夷的。”这位推销员说。随后，他便向吉拉德出示了一些资料，并介绍了一番夏威夷的风景名胜。不仅如此，他还向吉拉德描述了一次生动的夏威夷之旅，并告诉吉拉德：“您与妻子一定会在那边的海滩玩得很愉快，并且，这趟旅行会给您留下难忘的记忆！”

吉拉德的确动心了，但当这位推销员一报出夏威夷旅游的价格时，吉拉德不由自主地退缩了。推销员一看吉拉德的反应，镇定地说："吉拉德先生，您上次度假是什么时候？"

"我记不清楚了。"他之所以这么说，是为了掩饰自己的心虚。

"那您真是亏待了您妻子与您自己。"他继续笑着说，"我们都知道，生命真的太短暂了。您这样每天辛苦努力地工作，却不给自己奖励是不行的，况且，度完假回来之后，您的状态才会更好，工作收入更多，可以弥补这一次的花费。我确信您回来以后，工作一定会一路向前冲，因为您从这次旅行中获得了足够多的能量！"

最终，吉拉德决定去夏威夷度假，即使他原本没打算去那里！

从吉拉德这次经历中，我们发现，即使有时候我们的客户没有购买需求，但只要我们善于挖掘，加以引导，让客户感受到产品的魅力，那么客户也会心甘情愿掏钱购买。但要想成功地打动顾客，销售人员就要将产品的优越性以最吸引人的方式或语句展示给顾客，因此销售人员应先对所推销的商品有一个正确的、透彻的认识，而这就需要一定的技巧了。以下是几条建议：

1.突出产品卖点

销售员一定要对自己所推销的产品非常熟悉，要做产品的专家，弄明白哪些是产品的物理特性，哪些是能对客户产生价值的部分。同时，销售员在介绍产品的时候，要懂得关联客户的需求，因为如果这些产品的卖点不与客户需求联系在一起的话，就不能产生任何效用。如果针对客户的需求强化产品的益处，客户就会对这种特征产生深刻的印象，从而被说服购买。

2.掌握一些基本的、突出产品优势的说话方式

在一般情况下，无论产品存在什么样的优势或者特性，不外乎以下几个方面：经济、方便、安全等。针对这些方面，销售人员要根据不同的客户采用下面不同的说明方法。

（1）“这款技术目前是国内最先进的，很多大型企业都已经率先使用了。”

（2）“方便的使用方法会给您节约大量的时间。”

（3）“这种产品可以更多地体现您对家人的关心和爱护。”

（4）“这款设计，更适合像您这样有品位的人士。”

3.从客户的价值观入手

每个产品都有自己的优点与卖点，这是毋庸置疑的，但要将这些卖点与客户的需求联系起来，还需要销售员做好解说工作，如：“您提出的产品功能和售后服务等，我们都可以满足您，另外，我们的产品最大的优点是……”在强化产品优势时，销售员一定要确保自己的介绍是实事求是的，这样才能获得客户的信任。

总之，一流的销售员不会直接告诉客户产品有什么好处，而是会先告诉其产品能为其带来什么好处。当客户通过产品或服务获得了自己想要的利益时，便会心甘情愿花钱购买。

暖场技巧：3 分钟打破客户的心理防线

一个好的开始就是成功的一半。人们见面时通常会有一番寒暄，销售也是如此。一段精彩的开场白，通常也是以寒暄作为铺垫的。英国著名作家托马斯·卡莱尔曾说：“礼貌比法律更强有力。”寒暄其实就是一种礼貌，也是在与客户接触中一个比较重要的问题。作为销售员，我们在与陌生客户正式交谈之前，能否做好开场工作几乎可以决定我们是否能成功拜访客户。因为初次见面的时候，客户一般都有戒心，对销售人员有一种自然的防备心理。为了打破相互之间的尴尬，我们不妨与客户寒暄一番，迅速拉近与客户间的距离。

贝尔纳·拉迪埃是某空中客车飞机制造公司的销售能手，当他被推荐到空中客车公司时，面临的第一项挑战就是向印度销售飞机。这是一项棘手的任务，因为这笔交易似乎已经被判“死刑”了——这笔交易已由印度政府初审，未被批准。此时，一切希望就压在了销售代表身上。

对此，拉迪埃深知肩上的重任，他稍做准备就立即飞赴新德里。接待他的是印度航空公司的主席拉尔少将。

拉迪埃见到拉尔少将后说的第一句话是：“正因为你，使我有机会在我生日这一天又回到了我的出生地，谢谢你！”这句话一语中的，很有效果，迅速拉近了他和这位少将的距离，进而成功推销出自己的飞机。

拉迪埃靠着娴熟的销售技巧，为空中客车公司创下了辉煌的业绩：仅在1979年，他就创纪录地销售出230架飞机，价值420亿法郎。应该说，这也少不了他善于寒暄的功劳。

“正因为你，使我有机会在我生日这一天又回到了我的出生地，谢谢你！”这是一句非常得体的开头语，表达了好几层含义：那天是他的生日，而且印度是他的出生地；能在生日当天这个值得纪念的日子回到自己的出生地，完全得益于对方，因此，他非常感谢。这句简明扼要、贴切自然的话拉近了拉迪埃与拉尔少将的距离，拉迪埃的印度之行能取得成功也就不足为奇。

在“寒暄”一词中，“寒”是寒冷之意，“暄”是温暖之意，合起来是嘘寒问暖。所以，寒暄就是与客户拉家常，聊一下客户喜欢的话题，比如：“王主任，你的小孩在哪个学校念书？”

其实，寒暄的主要目的是在人际交往中打破僵局，缩短人际距离，向交谈对象表示自己的敬意，或是借以向对方表示乐于与之结交之意。所以，在与他人见面时，若能选用适当的寒暄语，往往会为双方进一步交谈做好铺垫。与客户交往也是如此，当与客户见面时不直接进入主题，而是进行适当的寒暄，有助于拉近彼此之间的距离。与客户寒暄、聊天其实是可以快速打消客户戒备心理的一种方式，有利于循序渐进地建立一种友好的合作关系。

当然，我们还需要注意的是，与客户寒暄的前提是我们要大胆、自信、主动地和客户交流，敢于向客户抛出话题。这一点，对于那些刚踏入销售行业的新人来说，尤为重要。如果不敢主动迈出第一步，就无法做到有突破。刚开始做业务，有时候不知道跟客户讲些什么，有时候有很多的顾虑，就很容易出现冷场的情况。

除了主动外，我们寒暄时还要表达自己的真诚与热情。试想，当别人用冷冰冰的态度对你说“我很高兴见到你”时，你会有一种什么样的感觉？当别人用不屑一顾的态度夸奖你“我发现你很精明能干”时，你又会做何感想？推己及人，我们寒暄时尤其要注意态度。

总之，学会与客户寒暄，在客户意犹未尽的情况下，往往会顺利进入推销阶段。有时候，商业上的成功之道不是刻意推销，而是打动人心。学会与客户寒暄，赢得客户的好感，就在不知不觉间为推销产品铺平了道路。

紧迫感制造：让客户觉得“现在不买就亏了”

作为销售人员，如果你与客户的关系“不冷不热”，那么，你的业绩肯定也是“不死不活”，而原因一定是你没有让客户认识到购买产品的紧迫性。

的确，我们与客户沟通的过程中，明明发现对方对产品感兴趣，但始终不肯表态，这是因为购买意愿还潜藏在大脑中，而没有被激发出来，要激发这种购买欲望，就需要销售员采取提问的方式。所以，销售员不仅要尽量满足客户需求，还要尽可能地提高客户需求的紧迫感。

销售员小王供职于一家电脑公司，一天，他拜访了一位客户。经过了解，小王发现，这位客户对电脑系统的安全性非常重视，针对客户的这点需求，小王有以下提问。

销售员：“如果您的电脑系统忽然停止工作，并且一天都无法修复，会出现什么情况呢？”

客户：“那么我的工作可能无法正常进行，很多重要资料和会议记录也可能无法提取，而且这将会影响到我的客户，那将是非常糟糕的事情。”

销售员：“那么系统崩溃是如何影响您的客户的呢？”

客户：“如果我的策划方案无法按时交给客户，我可能会失去客户。”

销售员：“如果您的文件因为系统崩溃而全部丢失您会怎么办？”

客户：“那是我最不想看到的，我可不希望发生这样的事。”

销售员：“那么您试一试我们的电脑系统吧，它将会给您带来安心的体验，将为您避免许多麻烦……”

客户：“是吗？那么你们的产品……”

销售员小王之所以能让客户有欲望了解产品，在于小王采用了层层推进的提问方式，让客户产生了一种不购买产品就会对自己造成严重损失的感觉，让客户感受到购买产品的紧迫性。销售员在向客户提问时，要有的放矢，切中实际地问问题，才能不断提升客户的这种紧迫感。客户为了获得内心的安全感，一般都会产生购买欲望，并做出成交决定。

那么，如何提高客户的需求紧迫感呢？

1.开发客户的想象力

通用电气公司曾经有这样一次推销经历：

通用公司致力于推销照明设备，但有个小学一直不肯购买教室黑板的照明设备，销售员联系了无数次，说了无数的好话，均无结果。

这个难题无法解决之时，有个聪明的销售员想出了一招儿，使得销售问题迎刃而解。他是怎么做到的呢？

原来，这天，他当着学校校长和老师的面做起示范：他拿了根细钢棍出现在教室黑板前，两手各持钢棍的端部，说：“先生们，你们看我用力弯这根钢棍。当我不用力时它就直了，但如果我用的力超过了这根钢棍最大能承受的力，它就会断。同样，孩子们的眼睛就像这弯曲的钢棍，如果超过了孩子们所能承受的最大限度，视力就会受到不可逆的损害，那将是花多少钱也无法弥补的了。”

果然，他的办法奏效了，很快，那所小学就更换了所有的教室黑板照明设备。

通用公司的推销员在向这所小学推销照明屡次遭拒后便转换说服方式，他在校长和众多老师面前做了一个绝妙的示范，让校长和老师们都认识到照明状况对孩子们视力的重要性。而事实证明，这一方法奏效了。可见，在向客户介绍产品时，充分调动客户的想象力是非常重要的。让客户跟着我们的思维走，在我们预设的思想基础上去想象，客户对产品的印象就会更深刻，理解也会更透彻，客户自然会对产品产生和我们相同的认知，销售活动也就畅通无阻了。

2.了解客户需求，然后通过客户需求深化困难

在深化客户困难前，销售员要了解客户需求。然后，销售员通过提问，对客户的内心需求进一步进行分析，让客户认识到如果不购买产品可能造成的影响甚至困难等。客户在内心进行一番权衡之后，自会做出有益于自己的决定，也就是购买

产品。

例如，在销售员向客户推销吸尘器时，就可以使用深化困难的提问方式，逐步增加客户需求的紧迫感，提问可以包括以下一些内容：

“您每天花在打扫上的时间是多少？”

“灰尘对人身体的伤害是巨大的，您在打扫灰尘时，是不是感觉不舒服？”

“尤其是孩子，更需要一个干净的环境生长，不是吗？”

销售员这样不断深化客户所能遇到的困难，向客户展示缺少产品给客户带来的不良后果，就能逐渐提高客户对产品需求的紧迫感，从而使客户更快地做出成交决定。

3.持续提醒客户困难的存在

想要让客户的需求转化为购买产品的强烈欲望，销售人员还要注意提醒客户，注意向客户提问的频率，尽量保持提问的连续性。客户只有被提醒，需求感被强化，客户的这种紧迫感才会增强，一旦销售员将提问中断，就如同将系紧的橡皮筋放松，失去了应有的效果。

的确，花钱总是一件痛苦的事情，所以拒绝就成了客户的一种本能。面对这种情况，如果我们能将“不买某件东西的痛苦”程度提高，使之超过花钱的痛苦，客户同样会愿意和我们做生意！

话题引爆：用“兴趣点”打开客户的话匣子

许多销售员总是羡慕那些成功者，认为他们太幸运，而自己总是不幸。但事实证明——好运气是有的，但好运气偏爱那些做足准备的人。同样，我们在与客户沟通前，最好事先对客户有所了解，这样不仅能增强自信心，还能帮助我们找到客户的兴趣爱好，以此找到与客户交谈的突破口。我们来看看下面这位推销员的经历：

一个周六的早上，老年保健仪器推销员小林敲响了客户吴先生的门，开门的正是吴先生本人。

进门以后，小林扫视了一下客厅，发现整个客厅都有种古色古香的感觉，摆满了字画。很快，他就找到了与吴先生交谈的话题。

“哎哟，这字写的，我真不知道怎么形容好。吴先生，这是您从哪里弄来的墨宝呢？是哪位书法家的真迹啊？”

吴先生一听，顿时笑了起来，说：“真是见笑了，这是我父亲写的，他比较爱好这些，平时没事就练练书法……”

“看来我今天还真是来对了，令尊现在在家吗？”

“这几天他去外地了，估计过几天才会回来。”

“真是可惜了，我还想要是令尊在家的话，要向他老人家讨要他的字画呢！”

“哦，原来是这样啊。这个你可以放心，我可以做主，送你几幅。”

“那太谢谢您了……”

就这样，吴先生与小林就中国字画的问题聊了起来。聊到尽兴之时，小林装作乍醒的样子说：“吴先生，您看，我和您一聊起天就忘了我今天来原本是想……不过，您不购买也没关系，我今天可是收获颇丰啊！”

“你说的是老年保健仪器？老爷子身体现在越来越不好了，我也没时间陪他锻炼身体，要不，你回头送一台过来吧。”

“好的，谢谢吴先生啊。”

案例中的客户吴先生为什么会如此爽快地购买产品？原因很简单，这得益于销售员小林在提出销售问题前进行了一番语言的铺垫。在小林进门之后，他就对客户家进行了观察，难道他真的不知道这些字画出自客户的父亲？他当然知道！他这样问，只不过是让自己的赞美显得更真实可信。于是，针对客户家这些与众不同的“风景”，小林与客户展开了一番深入的交谈，他很快便获得了客户的好感。此时，小林再提出自己拜访的真正目的，客户的抵触情绪自然少得多。而在这种情况下的小林依然不忘提及自己“今天拜访收获颇丰”，这就进一步加深了客户对他的良好印象。这时，客户再从自己的角度考虑，很爽快地表明自己有购买需求。

的确，在与客户沟通时，尤其是初次相见，客户难免存在一点儿戒心，不容易放松心情。因此销售人员要特别用心，善于发现客户感兴趣的话题，从而让初次见面交谈在轻松愉快的环境中进行。而通常来说，一个聪明的销售员会有敏锐的观察力，善于发现他们交谈场所的特点，然后引导客户继续谈下去，进而顺利地把话题引到销售上，令销售工作容易得多！

可能有些销售员会产生疑问，我们该如何在与客户交谈中做到抛砖引玉呢？

1.开口前先热身

在推销之前，你应先鼓励自己："我能行！"这样有助于你鼓足勇气，向客户进行推销。

2.善于观察，发现客户的兴趣爱好

倘若你稍微留意一下，你会发现这样一些东西：照片、奖状、动植物等。这些你可能忽视的东西却常常会引起客户的兴趣，因为这些东西对于客户来说，可能有纪念意义或者与客户的爱好相关。所以，要提一提，若你认真询问，客户会更欢迎的。如果你能引导客户为你一一介绍这些宝贝，他们会非常感激你，因为他们能从中得到乐趣。他们平时很少有机会这样做，这种感激会变为行动，他们会说："好了，说了半天了，你也来介绍一下你的产品吧。"

3.不忘赞扬对方

举个很简单的例子，假如我们邀请别人来家里做客，那么，在邀请对方之前，我们一定会好好收拾一下房间，归置东西，甚至买点鲜花，拿出家里最好的饮品等。同样，无论是在客户的办公室或者家里，如果你发现了交谈场所的布置、装修或者客户的爱好有你欣赏的地方，就要真心赞扬，这样客户就会放下戒心。比如，你可以这样赞美客户："阿姨，墙上那张照片是您儿子吧？看上去真英俊，一定是个有才华的人，相信阿姨一定是个教育有方的好妈妈。"

同时，我们要注意，虽然赞美是一个非常好的沟通方式，但不要夸大，夸张的赞美只能给人留下不好的印象。

可见，作为销售员，如果我们能在推销前多做准备、了解销售环境，就容易找到有利于双方顺利沟通的话题，让客户主动讲话，愿意讲话，和我们进行有效沟通！

专家视角：用专业解读赢得客户信赖

向客户介绍、展示产品是销售中的必经阶段，也是让客户拿主意的关键阶段。销售员在介绍产品的过程中语言表达能力如何，也直接关系到客户的最终抉择。任何一个客户，都希望与一个专业素质高的销售员合作，因为专业才能提供更多的保障。如果我们在展示介绍的过程中，语言过于冗杂，势必会让客户没有耐心进行信息筛选。因此，销售人员向客户介绍产品时，一定要用最专业、精练的语言，使自己的营销活动尽可能高质量、高效率地展开。

销售员小江从客户那里回来后，愤愤不平，向同事小刘诉苦。

小江："刚才那个客户真是烦人，他什么都不懂，还非要冒充是行家，说我卖的电脑这里不好，那里不好。还说他们家那台老式的电脑是目前市场上卖得最火的，我看至少有三四年的时间了，你说好笑不好笑。"

小刘："那你怎么说服他的呢？"

小张："说服他？我刚开始和他讲解现在的市场行情他不听，后来我生气了，和他大辩了一通，使出浑身解数。结果他一句话都说不出来了，哈哈。”

小刘：“那他有没有买你的电脑呢？”

小张：“……”

案例中的销售员小江为什么不能说服客户，反倒和客户起了争执呢？原因很简单，客户反驳他是因为他对产品的解说不够专业。试想，如果他能就自己的产品和客户的老式机进行一番比较，说明产品的优势，那么，说不定客户会心悦诚服接受其观点并购买新产品。

所以，对于销售人员来说，要想在介绍产品时让客户相信你，你就需要掌握娴熟、专业、精练的表达技巧，具体来说需要做到以下几点。

1.未雨绸缪，介绍产品前先做好各方面的准备工作

我们都有这样的经历：在与陌生人交谈时，我们常会因为紧张而词不达意甚至语无伦次。在销售过程中，同样如此，毫无准备的销售往往会使我们显得局促、紧张乃至说话没有条理。这样，不仅我们无法把握产品介绍的要点，还会因为耽误客户的时间而引起客户的反感。

另外，对于那些疑心很重的客户，销售员在专业语言方面的准备尤为重要。因为这些客户常常为了证明自己选择的正确性、减少购买的风险，而向销售员提出各种问题。此时，我们简练的专业语言就能派上用场，帮助你在面对客户提出的各种问题时为客户提供满意答案，而良好的销售技巧则有助于你在

销售过程中能够更加有力地说服客户。

2.为客户节约时间，与销售目标无关的话尽量少说

销售人员介绍产品的过程中，千万不要为了与客户套近乎而啰啰唆唆地说一些无关紧要的话。这不仅使你的时间白白浪费，而且会令客户感到厌烦——客户的时间也是相当宝贵的。因此，产品介绍一定要紧紧围绕自己的销售目标展开，才能在有效的时间内把产品的卖点传达给客户。

3.为客户考虑，不要为了推销而推销

乔·吉拉德说："任何一个头脑清醒的人都不会卖给顾客一辆六气缸的车，而告诉对方他卖的车有八个气缸。顾客只要一掀开车盖，数数配电线，你就完蛋了。"

在推销过程中，任何一个销售员都不能为了推销而推销，脱口而出一些不切实际的话。说实话往往对销售员有好处，尤其是销售员所说的顾客事后可以查证的事。

4.修饰自己的专业语言

（1）多使用专业、文明、标准的销售语言。例如，"您好！我是某公司的小张，上次与您见过面的，我有一个非常好的资讯要传递给您，现在与您通话方便吗？谢谢您能接听我的电话……"等。

（2）保持微笑，语音、语速和语调训练有素。以这样的方式说话，会给客户留下非常好的第一感觉——信任感。增加客户在电话交流时的愉悦感，使其乐意与你沟通下去。

另外，在介绍产品时要注意，如果客户是个“门外汉”，也就是对产品不是很了解，我们就要尽量使用通俗的语言介绍，因为太多的专业术语会给双方沟通造成障碍。而如果对方对产品比较了解，我们则应该适当地运用一些专业术语，才能让客户看到我们的专业水准。

5.在客户体验产品时，给出真诚的建议

顾客在试用产品之后，能充分感受到产品的好处和带来的利益，增强其对于产品的信任感，并增进销售员和顾客间的关系。但在顾客试用产品时，我们一定不能千篇一律地对顾客说：“这个挺适合您的。”“您穿这件也不错。”因为这样只会让顾客感觉你是为了推销而客套，你不妨告诉顾客：“我觉得您的气质适合穿颜色深沉点的，那件就不错，我拿下来给您试试吧。”这类建议，顾客一般不会拒绝。

第4章

赞美艺术：让客户心甘情愿说“是”

每个人都喜欢听好话。在销售过程中，销售人员也可以利用这一点进行推销，准确把握客户的心理，才能顺利接近和引导客户，继而进行产品介绍，最终成功达成交易。虽然赞美顾客在销售中必不可少，但赞美顾客并不是毫无章法的，只有贴切、真诚的赞美，才会让客户觉得你说话中肯，也才会对销售产生积极的作用。

内敛型客户：如何赞美才不显得“刻意”

在销售中，我们经常遇到这种客户，他们言辞谨慎，不愿意当众表达自己的观点。对于销售员的恭维，他们也比其他客户更有免疫力，针对此类客户，我们使用赞美这一技巧难度就大得多。一些销售员会认为，对于这类客户，赞美是不起作用的。其实不然，任何客户都有虚荣心，只是每个人所能接受的赞美的方式不同，对于此类含蓄的客户，如果我们的赞美能委婉动听些，势必也会起到作用。

那些冷静、含蓄的客户之所以难以对付，并不是他们对于赞美这一技巧不受用，而是他们存在这样的心理：如果不采取相应的措施，很可能就要吃亏。但另外一方面，他们又渴望被人所认可，害怕被人误解。这样造成的现实情况就是：他们在内心上很矛盾，是一个矛盾的集合体。销售员可以好好地利用这一点，采取合适的方法对客户进行赞美。

那么，我们该怎样以温婉动听的语言来引导含蓄的客户呢？

1.以请教客户问题的形式来间接表达赞美之情

在引导这类客户时，要将其放到较高的位置上，并虚心地请教其问题，能满足其某种程度的虚荣心和好为人师的心理，对客户的请教也是一种委婉的赞美方式。

“陈总，我早就听说过您白手起家的故事，我真的很想请教一下您，当时您是怎么作出决定来创业的呢？”

“听说您是通信方面的专家，想请教一下您……”

“专家就是专家，您提的问题都与一般人不一样，都提到点子上了……”

“张先生，您在营销方面这么有研究，有机会一定当面向您请教……”

“李总，您公司目前在物流服务领域做得这么成功，当初您是怎么想起来开展这项业务的呢？”

2.选用非正面沟通的赞美技巧

比如，我们在与客户沟通的过程中，如果错过了赞美客户的机会，在随后的跟进邮件、短信中可以再次表达，如：“和您通话真的很开心，希望下次还有机会向您学习……”这样的效果也非常不错。要知道，间接赞美客户，有时能收获比直接赞美更好的效果，因为它能更好地满足客户的心理需求。

3.用自己的语言表达

在生活中，我们会发现，尽管有些销售员经常赞美客户，却并没有得到客户的好感。这是因为他们机械地套用他人的话，使赞美显得做作、虚假。所以，我们在赞美客户，尤其是这类含蓄的客户时，一定不可照搬他人的语言，而要自己组织语言，以轻松的语气将赞美自然地表达出来。

4.在恰当的时候真诚地表达

赞美要选对时机才显得自然，同时对于客户的赞美可以适当地加入一些调料，比如幽默。这样更加容易营造和谐的交流气氛，让客户在心里感觉更加舒服。

5.赞美的语言不可太过

一般来说，含蓄的客户是较理智的。那些真诚、恰当的赞美的确会让他们产生愉快的情绪，并对我们产生美好的印象，但太过分将会适得其反。

当然，要运用赞美法来感化此类含蓄的客户的方式还有很多，但尤为关键的一点就是我们一定要发自内心地赞美客户，只有真诚赞美，并将话说得动听一些、含蓄一些，对方才会更容易接受！

具体赞美：让客户感受到你的“走心”

前面，我们已经提及赞美在现代销售中的重要性，它是成功接近和引导客户的绝妙技巧。当然，如何适当地赞美客户并不是毫无章法的，赞美他人最忌讳的就是空穴来风、含糊空泛，毫无根据地奉承一个人反而会弄巧成拙。因此，我们在赞扬客户时，一定要就事论事，用一些具体而明确的事情来恭维客户，这也是合理赞美的基础。

那么，作为销售员，我们该如何赞美客户呢？

1.赞美要有根据

销售员在赞美客户时，一定要有根据。这里的根据，指的是赞美要实事求是，要具体，这样的赞美才显得真实，客户才会更容易接受。那么，哪些是赞美中的“根”呢？其实很简单，我们可以尽量让赞美细节化，避免泛泛而谈。比如，我们在与客户交谈的时候，可以参照事实赞美客户的经历、办公室的布置等。

“张总，您部门的小赵说您是一个非常平易近人的领导，真是不假，一见到您，我就觉得特亲切。”

2.间接赞美比直接赞美更有效

面对不太适合直接赞美的客户，我们可以选择间接赞美的方式，而这一方式通常更能彰显出赞美的效果。间接赞美的方法有很多种：

（1）赞美客户最关心的人或事。如果客户是个年轻女士，为了避免误会与多心，不便直接赞美她。这时，不如赞美她的家庭和孩子，你就会发现，这比赞美她本人还要令她高兴。

再如，当你发现客户开着一辆与众不同的汽车时，你对客户说："这车，真好看！"客户自然会高兴，但这并没有真正起到赞美客户的作用，因为车子好坏是厂商的功劳，客户只是花钱购买。而如果你对客户说："这车保养得真好！"或"你挑车的眼光真好！"这就是在赞美客户了。

（2）借用第三者的口吻来赞美。有时候，借用第三者的口吻来赞美会更有说服力，比如说："怪不得小张说您越来越漂亮了，刚开始还不相信，这回一见可真让我信服了。"这样就比直接说"您真是越长越漂亮了"好得多，还可避免恭维、奉承之嫌。

（3）从否定到肯定的赞美。这种用法一般是这样的："我很少佩服别人，您是个例外。"这样赞美也更显真实。

3.善于发掘客户的亮点，赞美要有新意

真正的成功人士毕竟是少数，更多的是平凡人，他们鲜有卓越的成绩，因此销售员在面对客户时，应该从客户身上的具体事件入手，任何的细枝末节都不放过。只有你的赞美深入具体，客户才会觉得你对他足够重视，才能感觉到他所获得的肯定是真实可信的。

4.发挥语言的魅力

语言是一门艺术，赞美也不例外，只有准确把握语言技巧才能更好地说出赞美的话语。要根据对象、时机、场合的转换，用不同的语言措辞，恰当地表达你的赞美之情。语言是销售员与客户沟通的重要手段，赞美要真诚，用语恰当与否是关键。

总之，赞美客户要落到实处，要找到具体的赞美点，这个赞美点必须是客户身上真实存在的。在赞美时指出细节，说明它的特点，给出自己的评价。这样的赞美会让客户有真实感，认同你的说法，从而改变态度，接受你的引导，最终达成交易。

创意赞美：打破套路，让客户眼前一亮

每个人都有自尊，都希望别人对自己的优点进行肯定的评价。现代心理学认为，一个人如果长时间被他人赞美，其心情会变得愉悦，智商也会有所提升。正因为人性中的这一特点，身为销售员的我们也可以将其运用到销售活动中。在引导客户的过程中，如果你能运用真诚的语言赞美客户，不使人感到虚假或敷衍，那么客户就会认为你很贴心，自然也就愿意与你沟通，愿意接受你提供的销售建议。所以，我们在适当时候说出的那些看似微不足道的赞美的话，可能会起到意想不到的效果。

赞美是人际交往的润滑剂，能让客户对我们产生好感，但赞美不是一件毫无章法的事，要知道，毫无技巧与老旧的赞美不但不能打动客户，还会有奉承之嫌，甚至招来客户的反感，影响销售。

甄女士原本身材苗条，但自从生下孩子后，身材走形了。为此，她现在无论买什么衣服，都不像以前那样干脆，而是会反复斟酌，直到自己认为真的合适才会购买。

一次，她去一家服装店买裙子，试了很多款式，可是总觉

得不合适。她站在镜子前感叹道：“怎么就没有一件适合我的啊！”

这时候，专卖店的老板走上前去，笑着说：“怎么了，美女，你的气质这么好，穿什么衣服都会好看的。试试这件吧，或许更适合你呢。”说着拿起了身边的一条连衣裙。

听了老板的这番话，甄女士拿过裙子，进了试衣间。换好衣服后，她在镜子前不断地转来转去，感觉自己穿上这条裙子还真是挺合适，非常漂亮，脸上也露出了满意的微笑。但这时候，老板又说了一句话：“真是赏心悦目啊！您身材这么好，穿上这条裙子真的太漂亮了，跟明星似的。”

甄女士听完，脸色马上变了，顺便说了一句：“您是不是对每位试衣服的女士都这么赞美的啊？”虽然甄女士用了一个“您”，但老板明显听出甄女士口中的不悦，随后甄女士换下衣服，离开了专卖店。

在这则案例中，我们发现，甄女士之所以没有购买自己看中的那条裙子，是因为老板那句毫无新意甚至有点不切实际的赞美。可见，不是所有女士都希望千篇一律地夸赞自己漂亮，如果情况不符实际，就会显得虚假。

在与客户沟通中，赞美往往能起到取悦客户的作用，并在客户心里留下好印象，但是，如果我们希望赞美起到最佳作用，最好用点心，使得赞美有新意。否则，毫无新意的奉承话只会加深客户对你的不信任感，拉开你和客户之间的距离。

那么，作为销售人员，我们该如何说才能让赞美显得更有新意呢?

1.赞美要从细处着眼

如果我们的客户是一位女性，一开始就夸对方“你很漂亮”，会使对方感到高兴，同时令她不知所措。对此，我们不妨一反常态，从一些细节处赞美，比如，对客户所带的东西或饰品等附带的东西进行夸奖，“你的衣服很合身”“饰品很可爱”“发型很有特色”……

这些话表面上是在夸奖东西，事实上是在夸客户有眼光，而被夸的一方不但不会不知所措，反而因为自己挑选东西的眼光受到赞美而感到高兴，对方会认为你们在价值观上有很多的共同之处，这样，一下子就缩短了双方的距离。

2.赞美客户的精神层面

（1）赞美客户的态度和行为。为了在不同程度和不同模式上夸奖对方，我们必须准备一些话语，像“言行得体”“活泼大方”“容易亲近”等词，并在仔细观察对方后，在适当时机运用话语。

（2）赞美客户的品质。比如，当面对的是一位男士的时候，在销售进行到最后时，我们不妨说出这样的话：“我觉得您是位值得尊敬的人”“您是一位绅士”“您真是位体贴的男士”……无须修饰脱口而出，给对方留下好印象。

（3）赞美对方的品位。例如，你可以赞美客户的穿着：

“听说您退休前还是一名服装设计师，怪不得呢，您今天这样搭配就让人觉得耳目一新，您肯定有一套自己的搭配秘诀。”这样赞美通常会让客户心花怒放。

所以在销售中，要想赞美这一必杀技真的起到作用，就一定要有新意，这样才能把赞美说到客户心里，会成就他自信的感觉，从而有助于我们的销售工作！

真诚赞美：用赞美铺平成交之路

人们常说："人性的弱点之一就是喜欢别人赞美。"因为人类都长着一双爱听赞美之言的耳朵，每个人都希望自己被尊重、认同、肯定等，每个人都会觉得自己有可被夸赞的地方。所以，如果销售员能很好地利用客户爱听好话的心理，就能成功地接近客户，进而引导客户，获得客户的好感，那么，成功达成销售目标的机会也就大多了。

然而，赞美客户并不是毫无讲究的，赞美他人最忌讳的就是空穴来风、含糊空泛地赞美，毫无根据地奉承反而会弄巧成拙。因此，我们在赞扬客户时，一定要真诚，这也是赞美的基础。

松下幸之助曾说："在这个世界上，我们靠什么去拨动他人心弦？有人以思维敏捷、逻辑周密的雄辩使人折服；有人以声情并茂、慷慨激昂的语言去动人心扉……但是，这些都是形式问题。我认为在任何时间、任何地点，去说服任何人，始终起作用的因素只有一个，那就是真诚。"

吉拉德是个很会赞美顾客的人。他善于把握诚实与奉承的关系。尽管顾客知道乔所说的不全是真话，但他们还是喜欢听人赞美。几句赞美的话，可以使气氛变得更愉快，推销也就更容易成交。

可见，销售人员一定要懂得运用赞美为销售铺路，我们再来看下面的销售案例：

一天，一家首饰店来了一位衣着时尚靓丽的小姐，看了很久也没说要买什么。过了一会儿，导购员走了过来。

导购员：“这位小姐，请问您看上什么首饰？可以戴上试试。”

“随便看看。”小姐冷冷地回答。

这位导购员明白，如果不能打开这位小姐的话匣，营造不出好的销售氛围，很可能流失这单生意。

这位导购员十分细心，她发现顾客的衣着很有特色，便问：“小姐，您身上的这件米色毛衣好别致，很少看到别人穿，是在百货商店买的吗？”

“不是，是我男朋友从国外给我带回来的。”这位顾客终于开口了。

导购员：“怪不得呢，样式确实很有特色。您穿上这件毛衣，更显气质了。”

顾客：“您过奖了。”

导购员：“不过……对了，可能你也想到了这一点，这是件纯色毛衣，如果搭配一款毛衣链，效果可能就更好了。”

顾客：“是呀，我也这么想，不过项链毕竟是首饰，我怕选不好，反而画蛇添足了。”

导购员：“没关系，这个问题我能解决……”

在这则案例中，导购人员面对冷漠的客户时，并不是单刀直入地提销售，而是先对客户的着装进行了赞美，使其放下了戒备。接下来，她巧妙地将话题转移到首饰上，让客户产生“再配一条合适的项链就更好了”的想法。这样，客户的思维自然进入了销售员设定的情境之中，销售员最终巧妙地将产品推销出去。

那么，在具体的销售过程中，我们该如何利用赞美为销售铺路，达到我们的最终目的呢？

1.交谈之初可不谈销售

采取“初次交谈，不谈销售而只是赞美客户”的方式，可以打消客户的戒备心理，避免自己的销售行为被掐死在摇篮中，而且也能了解更多的客户信息。这是符合心理学中的首因效应的，能为下次的良性互动和推销的顺利进行创造条件。

2.赞美要有度，不能一发不可收拾

当我们恭维客户的时候，要有度，不能恭维起来就没完没了。否则，不仅会让客户产生厌恶的情绪，还会让我们的销售工作无法顺利进行。要让自己的恭维和赞美发挥最大的效力，就要珍惜自己的赞美。当然并不是说不要去恭维别人，而是不该恭维的时候，绝对不浪费，该恭维的时候，千万不要吝啬。这样，才能为我们的销售工作做好铺垫。

3.时机成熟时，引入销售话题

对此，我们要善于观察，比如，当我们发现客户因为我们的赞美之言而露出欣喜的表情或者开始出现不断抚摸产品等动作时，说明我们的赞美起到作用了。此时，我们就可以引入销售话题，向其推销了。

4.将赞美运用于销售中

很多时候赞美是需要你在销售中及时把握的，再完美的计划也跟不上变化。销售员在赞美客户时，应该相机行事，时机不同，赞美的方式也要跟着改变。比如你的客户准备谈一笔生意，开始时你可以称赞他有魄力，中间你可以赞美他毅力十足，能持之以恒，当他谈成生意后，你应该肯定他的成功，这样才能做到得体。

总之，销售员需要记住，销售中的赞美是要本着推销产品的目的为前提的，背离这一本质目的，赞美则会毫无意义！

兴趣赞美：让客户在“被懂”中下单

心理学认为，人们总是愿意与那些和自己有共同爱好与兴趣的人沟通，而讨厌与那些和自己的人生观、价值观完全背离的人沟通。卡耐基说：“与人沟通的诀窍就是，谈论他最为愉悦的事。假如你希望别人喜欢你、对你产生兴趣，那么，你需要首先谈论别人感兴趣的话题。”

同样，我们在运用赞美法引导客户的时候，也可以从这一角度入手，赞美他的爱好和兴趣，让他产生一种被认同和惺惺相惜的感觉，这样客户自然会对我们产生好感。当然，在赞美客户之前，我们最好先对客户有所了解。

销售员在向客户推销之前，可以通过事先了解或倾听客户说话，发现客户的兴趣，再根据客户的兴趣进行赞美。在一般情况下，我们与客户刚开始接触时，他们是不会马上对我们的产品产生兴趣的，因为他们还对我们心存戒备。如果我们能够在最短时间内找到客户感兴趣的话题，然后对其兴趣爱好进行赞美，等客户对我们产生好感后，再伺机引出自己的销售目的，就可以使整个销售沟通顺利进行。

也就是说，在赞美之前，我们一定要找出客户的厌恶与喜好，激发客户兴趣，让客户感到满意，这是我们要达到的第一个目标。

那么具体来说，我们应该怎样通过赞美客户的兴趣，从而找到与客户沟通的契机呢？

1.细心观察和倾听，发现客户的兴趣爱好

每个人都有自己的兴趣爱好，有的人喜欢看书，有的人喜欢踢球，有的人则喜欢旅游……不管是谁，只要你细心观察，就一定能发现客户的兴趣爱好。因此，你要想赞美对方，打开销售的大门，就要捕捉对方的兴趣所在，这是靠近客户的前提和条件。

对此，我们可以根据具体的谈话环境，通过认真倾听和巧妙询问，然后进行观察与分析的方式，得出客户关心的问题，继而引入共同话题。比如，销售人员可以从客户的事业、家庭以及兴趣爱好等方面谈起，以此活跃沟通气氛、增加客户对你的好感。

除了倾听与询问等方式外，销售人员十分有必要花费一定的时间和精力对客户的特殊喜好和品位等进行研究，这样才能在沟通过程中有的放矢。

2.花点心思，多了解掌握相关知识

在了解了客户的兴趣爱好之后，你就要花点心思，去掌握相关的知识。因为别人喜欢它，对它一定十分了解。如果你不掌握相关的知识和信息，在赞美客户时，就很容易露出马脚，引起客户的不悦。所以，我们要细心一些，尽可能多掌握一些与对方兴趣相关的信息，为赢得好感做准备。

3.以讨教的态度赞美

虚心请教是让别人产生优越感并体现自己谦逊态度的重要方式。我们可以降低姿态，以讨教的语气进行赞美。比如，你可以问对方："原来您对计算机的专业知识认识那么全面，对了，您刚才说的电脑的配置，指的是哪些方面呢？"如此反馈，一来会体现出你在认真倾听，二来可以满足对方好为人师的心理，以此来促成销售。

第5章

氛围营造：让客户从“陌生人”变成“朋友”

我们都会说话，然而，如何说好话是一门大学问，在说服客户的过程中，我们发现，客户似乎总有先入为主的心理取向，会对产品和服务产生一些敌意或者对抗的情绪。这时候，如果我们能了解客户的心理并懂得如何拉近与客户的心理距离，能做到在谈生意前先把场子暖起来，解除客户的防备心，让客户听得进我们说的话。

亲和力法则：让客户愿意主动靠近你

在现实销售中，不少销售员经常会遇到被客户直接拒绝的情况，这是因为客户对销售员有很强的防备心，他们认为销售员是来掏他们的腰包的。此时，销售员如果急功近利，难免会被拒绝。而如果我们能利用心理学上的“亲和力效应”，通过展现亲和力，让客户一步步接受我们，效果可能完全不一样。

一般来说，成功的推销员都具有非凡的亲和力，他们很容易博取客户对他们的信赖，也非常容易让客户喜欢他们，接受他们。简而言之就是，他们能轻松地跟客户成为好朋友。许多成功的销售都建立在友谊的基础上，我们喜欢向我们喜欢、接受、信赖的人购买东西，我们喜欢向和我们具有友谊基础的人购买东西，因为那会让我们觉得放心。所以一个销售员能否很快地同客户建立起良好的友情基础，对他的业绩具有很大的影响。

婷婷是一名保险推销员，她在推销保险的时候就懂得展现自己的亲和力。

这天，婷婷去小区开发客户。她没有穿职业套装，而是打扮得很日常。不一会儿，她和下楼散步的王大妈聊了起来。一开始聊家常，聊到了儿女，最终聊到了老人的赡养。当婷婷给王大妈谈起保险的时候，王大妈表示没有买的想法。但是由于一开始婷婷和王大妈聊得很投机，所以王大妈也不好意思立即走开。

随后，婷婷通过向大妈介绍保险的种种好处，慢慢地让大妈对保险有了基本的认识，同时，她们之间也建立起了信任关系。最终，王大妈给自己买了两万元的保险。

从上面的故事中，我们可以了解到客户对一些自己不认识或不认同的东西心理防备极强。要想攻破这层堡垒，我们就要掌握一些心理学知识，并且通过展现亲和力逐步化解客户心中的疑虑。当然，亲和力还包括你的人格魅力、信心、热情等，这些都能帮助你打动客户。

以下几点，值得销售员借鉴和学习。

1.得体的形象会给客户留下良好的第一印象

销售人员在拜访客户之前，一定要穿着整齐干净，和客户交流的时候不要太强势，自然展现良好的亲和力，让客户在轻松自如的环境中和你交流。客户或许会抵触你的产品，但是不要让客户抵触和你交流。所以，给客户留下良好的第一印象是销售员成功接触客户的前提。

2.语言生动、语气亲切

采用生动、形象的语言和亲切的语气，能使客户在交流中感到愉快，从而对销售人员产生信任。

3.态度要诚恳

在与客户沟通的过程中，要让客户感到销售员是诚实的，因为没有一个客户是愿意和一个虚伪狡诈的人沟通的。因此，销售员说话一定要诚挚热情，且恰到好处，不然，就会引起客户的反感。

4.辅以适当的表情和动作

我们都知道，与客户沟通时要注意方式和语气，这一点固然重要，但如果说话时表情冷漠，动作呆板，即使再生动的语言也不能起到良好的沟通效果。因此，我们同样要重视表情和动作的作用，讲话时一定要配以自然的动作、亲切的表情，使顾客心情愉快，不可夸张或矫揉造作，以免引起顾客反感。

当然具体的表情和动作，要视不同的销售情况而定：

（1）迎接客户时。有些销售员，遇到顾客光临，虽然嘴上说“欢迎光临”，却面无表情；更有些销售员，习惯于上下打量顾客，斜眼看着顾客等，这些都是不对的。正确的做法是报以微笑，目光集中不游离，真诚道出“欢迎光临”。

（2）介绍产品时。我们在向客户介绍产品时，一定要注意自己的眼神，眼神不可游离不定，而要炯炯有神，透露对产品和自己的信心、对销售工作的热情，这往往比口头说明更能让客户信服，充满热情的眼神还可以增加客户对产品的信心以及对这场推销活动的好感。

（3）顾客试用产品时。这时，销售员需要做到的就是耐心服务，尽量满足顾客的需要，更不能有不耐烦的表情。

（4）客户购买后。虽然一些销售员常常对已经完成购买的客户口头上说：“谢谢，欢迎再来。”但心里一点也没有感谢的意思。这些生硬冷淡的语气和态度会带给顾客非常不愉快的感受。无论何时，我们的感谢都要是真诚的。

所以，亲和力的展现不仅由口头语言来表达，还要与动作神态互相配合地表现出来，才能达到语言、动作、神态三者的和谐统一，以取得最佳的服务效果。

先聊兴趣，再谈生意：让客户放下戒备

我们发现，那些成功的销售人员都有个共同的撒手锏，那就是他们善于沟通，懂得通过找到客户感兴趣的话题来破冰。每位销售员都免不了要与客户进行沟通，只有先找到令对方感兴趣的话题，才能打消客户的戒心，然后慢慢地寻找购买点，切入主题，这是与客户交往的正常过程。如果销售员在与客户接触时，一言不发或者直奔主题，都是极其无礼且冒失的。相反，如果在拜访客户的过程中精心安排聊天的部分，可能会使宾主尽欢，进而减少双方沟通的心理障碍。

小汪是某公司销售部门的主管，更是有十几年营销经验的销售精英。在整个部门的人看来，无论什么客户，只要是小汪出手都能搞定，所以很多销售新手们一旦遇到了难题，都来寻求主管的帮助。

在一次新人培训的过程中，小汪亲自带着一位刚来的业务代表去拜访一家大公司的采购主任宋先生。

双方见面后，业务代表与宋先生之间的沟通显得并不顺利，谈话也不是很畅快。经验丰富的小汪看出问题出在了双方交谈缺少某些“润滑剂”上。他灵机一动，突然想起在来的路

上，业务代表对他说宋先生有一对双胞胎女儿，今年刚刚上小学，宋先生特别疼爱她们。于是，小汪就与他聊起了女儿。

“听说宋先生有两个非常可爱的女儿，是吗？”

“是的。”宋先生脸上顿时流露出来一丝微笑。

“听说还是双胞胎，今年几岁了？”

“7岁了，这不已经上学了。我下班还要去接他们呢。”

“听说她们的舞蹈跳得特别棒。”

“是呀，前几天还代表学校参加市里的演出了呢。”

提起了女儿，宋先生的话就多了，聊了一会儿后，宋先生主动把话题引到了这次见面的业务上。

“其实，你们公司的产品……”

我们发现，案例中的小汪是个很善于与客户沟通的人。当他发现客户与业务代表之间的交谈不顺时，他立即找出了能引导客户多说话的话题——客户的双胞胎女儿，进而慢慢消除了客户的心理戒备。如果在与宋先生交谈不顺利的情况下，业务代表或者小汪依然坚持谈业务本身，可能过不了几分钟，宋先生就会下逐客令。但是，由于小汪抓住时机，巧妙地引入宋先生感兴趣的话题，便不费吹灰之力地打破了谈话的僵局。

那么，在现实生活中有哪些话题可能会让客户感兴趣呢？

1.天气

天气是最好的聊天切入话题，以天气为话题与客户寒暄，因为不涉及利益关系，对方一般都愿意接话。当然，除了把天气当话题外，还可以用来当作关心对方的题材。但是，对于从事与天气有密切关系的行业的客户来说，谈论天气时一定要有所注意。比如，你与一位雨衣或者雨伞销售商寒暄时说：“最近一点雨都没下，秋高气爽，天气简直太好了。”可想而知，对方一定不会有好脸色。

2.新闻

最近的新闻也可以成为你与客户聊天的好话题。新闻可以引起客户的好奇或共鸣，作为一名销售员，一定要多看新闻，积累丰富的话题。销售员永远是在和人打交道，而不是与电脑或其他机器打交道。聪明的销售员会审时度势，从对方意想不到的角度开始谈话，从而引起客户对产品的兴趣。

3.兴趣

人们通常都愿意聊及自己的兴趣，因此，兴趣也是你与客户聊天的一个好话题。与客户聊起兴趣时，必须与他统一步调，尤其不要批评客户的嗜好。例如，不能说：“哎呀，我觉得钓鱼不好，只有那些老头子才喜欢钓鱼。”而应该说：“钓鱼不错，可以修身养性、陶冶情操，还能在大自然中呼吸新鲜空气，对身心都很好啊。”

当然，能带动谈话气氛的话题还有很多，这就需要我们事先了解客户，并在交谈中细心观察，学会与客户谈话。在客户意犹未尽的情况下，往往会更顺利进入推销阶段。

总之，商业上的成功之道不是刻意推销，而是打动人心。学会与客户聊聊他感兴趣的话题，赢得客户的好感，就为推销产品铺平了道路。

亲近客户的“黄金法则”

很多人都知道，追女孩子得用点心思，要让她感受到你的与众不同，她才愿意同你交往。接近客户又何尝不是这样呢?有人说：“销售就像谈恋爱。”的确，接近客户也只有用与众不同的方法，才能够获得成功。

销售员每天都要与不同的客户打交道，只有把与客户的关系处理好了，才有机会向客户推介你的产品，客户才有可能接受你的产品。因此，作为业务新手，首先要做的并不是急于推销，而是学会做人，不断提高自己的情商，拉近与客户的距离。

只有想办法接近客户，才能够想办法和客户达成交易，但接近客户是很有技巧的。有些推销员总是用千篇一律的方式接近客户：“很抱歉，打扰你一下，我是某某公司的某某某……”大家想一下，客户一天要听多少类似的介绍，早就烦透了，哪里能够成功呢?

乔·吉拉德说，有人拿着100美元的东西，却连10美元都卖不掉，为什么?你看看他的表情。要推销出去自己，面部表情很重要。它既可以拒人千里，也可以使陌生人与你立即成为朋友。

笑可以为你带来机会。乔·吉拉德这样解释他富有感染力并为他带来财富的笑容：“皱眉需要9块肌肉，而微笑，不仅用嘴、用眼睛，还要用手臂、用整个身体。”

“当你笑时，整个世界都在笑。一脸苦相没有人愿意理睬你。”他说，从今天起，直到你生命最后一刻，用心笑吧。

“世界上有60亿人口，如果我们都找到两大武器——倾听和微笑，人与人就会更加接近。”

从乔·吉拉德的叙述中，我们发现，他是个喜欢微笑的人。微笑让客户对其产生好感，并信任他，从而愿意与之继续交往。

那么，我们应该怎样接近客户？

如果我们想和吉拉德一样，取得客户的信任，可从以下几个技巧入手。

1.他人引荐法

一般来说，对于陌生的推销员，人们总是心存戒心的，因此多半会毫不犹豫地拒绝，这也是让很多推销员头疼的问题。但人们对于身边的朋友、邻居、同事等熟人是信任的，如果我们利用好中间这层关系，能节省很多精力。据调查，通过他人的帮助接近客户的方法是非常有效的，成功率高达60%以上。

他人引荐的形式很多，如电话、名片、信件等。销售人员在使用这一方法时，应谦虚谨慎，一定不要摆高姿态，否则会让对方心生反感。另外，也不要居高临下。即使你与介绍人之间关系密切，而介绍人又是有一定身份地位的人，也不可炫耀，而应该心平气和地向对方介绍你们之间的关系，比如，你可以说："大学时候，在学生中最受欢迎的就是王老师了。毕业后，他跟我提起过您，说您是个非常关心患者利益的好医生，是他介绍我来的。"

2.求教法

通常来说，人们都是好为人师的，对于他人的求教，人们一般都愿意给予帮助。销售员可以通过请客户帮忙解答疑难问题，或者直接向客户提问的方式来接近客户，这样，客户便有一种自己在为人师的感觉，自然对你产生好感。比如，你可以这样请教客户："王总，很多人说您是机电产品方面的专家。最近公司研制出A产品，我们老板今天给我下了死命令，要我过来询问一下您的意见，您看可以吗？"

但销售员需要注意的是，你提问的问题一定要在对方熟悉的范围内，否则，对方回答不上来，自信心受损，丢了面子，自然不愿意与你继续交谈。

3.事件法

接近客户必须要有理由，而事件就可以被当成一种契机。这些事件可以是销售员自己，也可以是企业的、社会的、国家的等。举个很简单的例子，如果销售员通过了解发现，客户最近正在筹划同学会，是筹划组中的活跃分子，就可以以同学会为理由接近客户。

4.服务法

顾名思义，服务法就是销售员通过为客户提供有价值并符合客户需求的某项服务来接近客户的方法，具体包括维修服务、咨询服务、免费试用服务、信息服务等。但销售员依然需要注意，你所提供的服务必须是客户所需，并与销售商品有关的。

5.社交接近法

每个客户都有一定的社交圈，为此，我们不妨先走进客户的社交圈。例如：客户是个旅游爱好者，参加了某个旅游组织，作为销售员的你也可以加入该组织，以此接近客户。再如：你发现在你经常参加的社交圈子中有可开拓的生意资源，你也可以多加利用。

但在社交生活中接近客户，一定不要过于心急，不能开门见山地推销产品，而是尽量先与客户形成和谐友好的人际关系。比如：在车站、商场、学校、农贸市场或交通工具等公共场合，都是接近客户的好机会。

总之，接近客户是与客户交流的第一步，交流是从“未知的遭遇”开始的。任何人碰到从未谋面的陌生人，内心深处总是会有一些警戒，因此只有打开客户的心扉，销售才能够取得成功。这就需要销售人员在接近客户时多下功夫。很多销售员都苦于没有办法接近客户，主要原因在于他们通常在客户很忙的时候前去拜访，而且方法非常单一。如果销售员能综合运用以上几种方法，找准接近客户的时机，那么，销售的成功性自然会大大增加。

从朋友到客户：用友谊为销售加分

在现实推销中，可能一些销售员会产生疑问：为什么客户总是把我当出气筒，总是向我倾诉不快？其实你应该庆幸，因为这代表你的客户已经开始信任你了，他的心扉已经向你敞开，希望得到你的回应和帮助。

此时，我们就需要把客户当成真正的朋友，与之交谈时千万不能带着强烈的目的性，不要每次见到客户都谈论推销，否则会给双方带来很大压力，让彼此的交流很不自然。如果把客户当作真心朋友相处，彼此都会觉得很轻松，在业务上可能会有意外收获。因为，如果你单纯把自己与客户的关系保持在买卖上，你就会以售出产品为导向与客户交往。当把自己作为客户知心朋友时，你在和客户沟通中就会以客户需求为导向。这两种不同导向，最终会决定你在事业上能走多远。

这天，化妆品推销员小林来到某位客户家，开门的是位年轻的太太。很明显，这位太太很不高兴，脸上还挂着没擦干的泪水，小林赶紧说："太太，您怎么了，遇到什么伤心的事情了吗？"

客户："没有，你是哪位？我不认识你！"

小林：“我是一名化妆品推销员，在敲开您的门之前，我是准备向您推销产品的。可是当我看到您一脸愁容，我觉得我有其他的使命了。”

客户：“真是很感激你，其实我没什么事。”

小林：“家家有本难念的经，我能理解。尤其是咱们女人，要操持好一个家，努力经营好一段婚姻，真不是一件容易的事。”

客户：“你说得太对了。我的丈夫就是一个永远不知足的男人，我这么努力地操持家里家外，他却一回来就跟我吵架，甚至连我做的饭都不吃，我都不知道该怎么办了。”

小林：“太太，我觉得您需要勇敢一点，要和您的丈夫谈谈，这样问题才能解决。不然即使您伤心，他也不知道啊。”

客户：“你说的有道理，我是该找个机会和他摊牌。对了，你刚说你推销化妆品，都是什么样的产品？”

……

当面对关系不紧密，甚至完全陌生的销售员时，这位太太即使“心有千千结”，也不愿向小林倾诉。而在小林以坦诚的态度道明原本的来意和对她的关心后，她对小林的防备稍微松懈了点。当小林谈到一个女人的难处时，更让她感同身受，于是，她的心就向小林敞开了，也把小林当成了情感倾诉的对象，主动问及产品更是水到渠成的事。

具体来说，我们需要做到：

1.从情感上关心客户

山田正皓是日本销售界的能人，一次，在接受记者采访时，他说："拜访客户，在你进门的时候，就要让客户感觉到很轻松而不是压抑，他们才会慢慢对你打开心扉，逐渐相信你，喜欢你。带着这一原则工作，我顺利签了很多单。或许你想使用一些技巧，但在这之前，你要先让客户感觉到轻松，让他们感觉到你是来帮助他们的，而不是来推销的。"

山田正皓在销售过程中总是竭尽全力地鼓励和关心客户，让客户感受到来自他的关心，从而把他当成知己，这也对他的销售工作起到了极大的推进作用，也正是这一点让他不但做成了生意，也结识了不少朋友。

2.体会客户的心情故事

一般来说，当客户心中不悦的时候，对我们的推销会采取拒绝的态度。当你被客户拒绝的时候，首先想到的不应该是客户不通情理，而是客户可能遇到了什么不顺心的事，比如：孩子惹了祸、父母身体不好、被领导骂了……

从客户的角度体会客户的心情，这就是心理学上的同理心。如果销售人员能以这样的心态与客户沟通，就会拉近与客户的心理距离，让客户接纳你。当客户把你当成知心人的时候，距离成功销售也就不远了。通常你以这样的心态和客户交流，客户会觉得你是个值得倾诉心事的人，会把你当朋友看待。当客户对你倾诉越多，你离成交也就越近。

3.认真倾听，鼓励客户多说

如何让客户对我们掏心掏肺？这很简单，那就是不断鼓励他说的同时，更要认真倾听。倾听时绝不可左顾右盼、心不在焉；要懂得及时反馈，向对方表明你对其情感的理解；可以适当地重复客户的话，以表明你正在认真听。

当然，如果客户存在某些我们能解决的难题，那就可以尽我们所能去帮助他。因为行动比语言更有说服力，你的帮助会让他对你感激万分，成功推销也就不在话下！

故事打动：用你的经历赢得客户共鸣

作为销售员，我们都知道，在向客户推销的过程中，客户多半是心存芥蒂的，他们认为销售员多半是为了推销而推销，他们中的一些人甚至吃过销售员的亏。因此，如果我们只顾着向客户推销，有时不但不能打动客户，反而会加重客户的疑心。而如果我们能体会客户的情感，谈谈自己的经历，那么便能很快拉近与客户的心理距离。

一般来说，那些业绩好的销售员都拥有一项神奇的本事：他们非常容易获得客户的喜爱，让客户愿意信赖他们。的确，先做朋友后做生意，很多生意都是建立在友谊的基础上，我们都愿意从认识的人那里购买产品，因为那会让我们觉得放心。所以一个销售员能否很快地同客户建立起很好的友情基础，与他的业绩好坏具有绝对的相关关系。

乔·吉拉德有这样一次推销经历：

有一天，乔·吉拉德的车行里来了一对夫妇，乔立即迎出来接待他们。

“您们好，选中自己喜欢的车了吗？”在对方看了一会儿后，乔很热情而礼貌地上前询问道。

“你这里的车不错，不过我们还得考虑考虑。”

其实，当客户说出这句话的时候，乔已经判断出了客户的心理。于是，乔准备再试探一下。

“您们知道吗？我跟我太太也和您们两位一样。”

“一样，是吗？应该不会吧？”很明显，他们产生了兴趣。

乔接着说：“我们家每次在添置某些大件之前，我都要和太太谋划半天，常常是思虑再三，生怕买了不好的产品，花了冤枉钱，怕自己对产品了解得不够。也正因为我知道消费者在购买产品时有这一担心，我在做销售时，从不让我的客户感受到任何压迫，会给客户充分考虑的时间。说实话，如果不这样，我宁可不做生意。当然，请别误会，我真的很想同您们合作，但对我来说，更重要的是您们在离开时能够有一种好心情、好感觉。”

“先生，很高兴你能这么想，谁说不是呢？谁都希望买到放心的产品。不错，我们从来不会从那些企图强求的销售员那里购买任何东西。”那对夫妇说。

乔接着说：“讲得对，我很高兴听你们这样讲。我请求两位花点时间，好好想一想。要是需要我的话，请叫我一声，我随时恭候。”然后，乔就回到自己的办公室，静静地等待。

当然，乔知道“想一想”对他们来说不会仅仅是几分钟，而可能是好几天，但自己却不能放弃这么好的机会。于是十多分钟后，乔回来，若无其事地对他们说："我有一个好消息要告诉两位，我刚刚得知我们的服务部最迟今天下午就能把您们的车预备好。"

"我们想明天再来。"

"明天？"乔笑了笑，"今天能做的事最好不要拖到明天，如果您们确实拿不定主意的话，可以多方面考虑。我看两位都是利索的人，很快就会下决定的，对不对？"

其实，如果是真心购买的客户，今天买和明天买的确没什么区别，所以当乔利用"今日事，今日毕"的说辞营销时，也就顺理成章了。

夫妇二人的确当即拍板："好吧，我们现在就买了。"

推脱是人的普遍特征，推销员在工作中会经常碰到这样的情况，如果缺乏技巧，那推销成功的机会就变得非常渺茫，而如果能像吉拉德这样巧妙地引导，就会有所收获。

可见，在销售中注入情感，可以帮你解决大部分销售问题。运用这一方法，能让客户与你产生情感连接，进而喜欢你、信任你和接受你，在他开始依赖你的时候，自然也会接受你所销售的产品。可见，提高亲和力，与客户营造友好关系，几乎是任何一个销售员在从事销售之前应该学习的内容。

那么，作为销售员，我们在推销的过程中，可以谈及自己的哪方面经历呢？

1.和客户谈谈自己曾经被骗的经历

通常来说，我们在购买某些产品时，或多或少会因为粗心大意被一些巧舌如簧的销售员欺骗，而这些经历我们的客户肯定也有过，如果我们能将这些经历拿出来和客户分享，那么，不仅找到了共同话题，还能引起客户的共鸣，进而赢得客户的信任。

2.与客户聊聊自己在销售过程中的“光荣事迹”

如果你告诉客户，你曾经帮助其他客户解决某些难题，或者做了某些好人好事等，那么这势必会让你的客户对你刮目相看，对你的信任度也会大大增加，但前提是你所说的每一个事迹都是真实的。

当然，销售员可以与客户分享的经历并不只有以上两种，凡是能打动客户的经历，都可以拿来为我们所用！

第6章

价格博弈：让客户觉得“值”

价格，大概是生意人一种永远的痛。要想有效地规避这种痛楚，可以尝试着在报价和还价两方面努力，从而打好这场价格战。一方面，销售谈判决不能打无准备之仗，一定要了解客户的价格底线，以此决定自己该不该对他报价，报什么价；另一方面，在讨价还价过程中，我们要突出产品与产品销售的所有相关优势，让顾客由衷地产生一种“仅此一家，别无分店”“花这种钱值得”的感觉，否则，将说而不服。只有懂得如何巧妙报价和讨价还价，才能在这场价格博弈中胜出。

客户出价，如何应对才能掌握主动权

价格问题，永远是销售过程中最难解决的问题之一。我们都知道，在销售中，谁先报价，谁就容易丧失控制价格的主动权。在这一过程中，若销售员先报出了价，在接下来的谈判和交涉过程中，价格也只能在这个限定的范围内，客户不可能出更高的价格买下产品。因此，为了避免这一弊端的出现，很多销售员把报价的主动权让给了客户，但问题又随之出现。客户开口先出价，倘若这个价格完全背离我们的价格底线，我们又该如何应对呢？怎样改变顾客对产品价格的错误估计，成为销售员在销售中必须要解决的重要问题。

让客户先开价，的确有利于摸清客户的底线，让自己有足够的空间与客户商讨价钱问题，但如果客户开出的价格与我们的期望价格相差太远，也会让价格谈判陷入尴尬境地。明智的销售员会把客户定位在“识货的人”上，称其“看上的东西不便宜”。这样，客户在受到一番赞美之后，自然而然也就被带入销售人员设定的氛围中，最终的结果就是：即使觉得价格稍微贵点，也可以接受。

讨价还价在销售过程中是至关重要的部分，不容忽视，因为销售的核心问题是利益，因此，在价格问题上，如果我们不能巧妙应对，双方就会陷入僵局，轻则交易破裂，重则伤了和气，断了情义，给以后的往来造成妨碍甚至导致经济受损。

那么，当销售员遇到客户先开价时，该如何应答呢？

1.适当让步

顾名思义，就是如果客户提出的价格与我们的期望价格相差不远的话，你可以站在客户的角度上说话，比如，“王小姐，我知道，您也想以最合理的价格买下这件裙子，不过，您开出的价格比我们的进货价格还低，您看这样行吗？我们折中一下，我给您再打个九折？”此时，如果我们言辞诚恳，先做出让步，然后也请客户做出让步，那么僵持的局面一般很快就会得到缓解，问题的焦点也会很快转移，实现由“不让”到“让多少”的转变。如果实现了问题转移，那么对方让步的可能性至少提高至一半。

但这样做也存在问题，那就是会让客户觉得你的让步是“理所应当”，从而更加得寸进尺。因此，销售员即使让步，也要做出一副迫不得已的姿态，在最后关头才做出让步。这种方式更能获得客户的理解，一般大多数客户会在此时见好就收。

2.调节气氛

谈及利益，买卖双方很容易陷入一种僵持局面，即使是朋友，也有可能争得面红耳赤，但如果我们能运用一些心理学技巧来调节气氛的话，比如，一句适时且幽默的话就能让双方化解矛盾，重新谈判，甚至还能“一笑泯恩仇”，让交谈双方成为朋友，收到拨云见日的效果。

3.补偿措施

很多聪明的销售员懂得利用人们占便宜的心理，利用一些“补偿措施”来弥补客户在价格上的让步。同样，当我们不能满足客户提出的价格要求时，我们也可以采取补偿措施：“小姐，您也知道，我们做小生意的，也希望多多少少挣点，您这价格，我实在无法接受。要不，这样吧，我给您办张我们的会员卡，下次您再来光临的时候，我直接给您打八折，您看行吗？”很多时候，客户都乐意接受这种补偿。

的确，经济活动并非都是一手交钱一手交货的，而是一种“物物交换”。使用补偿措施能实现一种利益的互补、互惠，更体现了动态型的经济交往流程，从而让客户达到心理平衡。所以，采用补偿措施是一种极好的价格谈判技巧。

一个聪明的销售员，不仅能掌握整个销售活动的主动权，还能排除各种不利于销售的因素，尤其是价格问题。即使客户主动出价，已经掌握了价格谈判的主动权，销售员依然能轻松应对。以上方法销售员都可利用且成功率都较高，关键在于要学会在现实销售活动中主动利用和善于利用。

谈判帮手：如何借力打力达成目标

一些销售人员认为，只要客户答应购买，成交就近在咫尺了，但实际上，这才进入销售的谈判阶段，而真正的难题也往往出现在这一阶段。在这一阶段，销售员会和客户有许多正面交锋，客户会要求更低的价格和更多的服务，甚至在付款方式等方面都会提出苛刻条件。而这时候，销售员单凭自己的力量是非常单薄的，即使口才再好，也很难应对种种挑剔的要求，以及有关技术或是服务方面的细节问题。所以，要想有效地控制整个谈判局势，以此实现成交，销售人员可以为自己找个帮手。

销售员：“您觉得这个价格贵吗？这可是我们这半年来卖出的最低价格了。”

客户：“是很贵，远远超出我的预算，而且我觉得你这产品也不值这个价。”

销售员：“我看您可能对我们公司的产品不了解，我们采用的是最好的原材料，价格也是合理的。”

客户：“王婆卖瓜，自卖自夸，谁不说自己的产品好啊。”

这时，店里来了另外一个客户。

“这双鞋多少钱？”这位客户问。

销售员：“399元。”

“真便宜，上次我朋友在对面那家商场买的一模一样的，牌子也一样，那双鞋要499元。这样吧，你给我包一下，这双我要了。”

看到这位客户毫不犹豫地买下了那双鞋，刚开始和销售人员在价格上没达成统一意见的那位客户二话不说，也买了。

这次销售之所以能成功，主要是由于另外一位客户的出现。这位客户的出现影响了之前客户的决策，从而起到了加快成交进程的作用。这给销售人员一个启示，有时候不妨利用外界的力量，找个帮手为自己解决价格争议。

关于在价格谈判中的帮手，我们没有必要选择口才最好的，而是要选择最适合的、对眼下的情况最有帮助的人。那么如何才能找到一个好帮手呢？这需要遵循以下几个原则。

1.帮手必须能弥补自身的不足

对销售来说，商品的不足通常会阻碍销售活动的进行。此时，销售人员不妨找个帮手帮自己谈价格，以弥补自己的不足。比如，销售员性格比较急躁，容易发火，那么就可以找一个性格稳重、经验丰富的人做帮手；如果客户对产品的技术或研发方面存在异议，而销售员不能很好地解决，就可以找一个能提供技术支持的帮手；如果客户对产品质量不放心，而销售员又无法充分说服对方时，就可以找一个质检方面的负责人进行解说。

2.帮手必须能强化客户的购买信心

很多商家重金聘请权威人士的原因就在于：权威人士的言语能给客户购买产品增强信心，权威人士的一句话往往比销售员费尽口舌的游说更加有效果。

当然，邀请到这样一位以第三方身份出现的权威人士并非易事，而且他们在整个交易过程中也不会参与太多的话题，但是他们的作用不能忽视。这些人的身份、地位和声誉等方面的影响会让客户更加有信心，他们的意见能对交易产生积极的推动作用。所以，我们可以邀请一些社会上的权威人士参与谈判，如某方面的专家、某领域的知名人物等。

3.有充分决策权的人也是好帮手

在销售活动中，如果销售人员没有决策权，那就加大了谈判的难度。因此，销售员需要一个有充分决策权的帮手，可以是上司领导等有决策权的人。一方面，这些人的出现，会体现出对客户的重视、尊重以及销售的诚意；另一方面，在谈判进行得如火如荼的时候，这些有充分决策权的人也能当场决定，不至于让销售员陷入被动中，也避免了销售员费时费力地向上级请示，可以大大地提高谈判效率。

总之，在与客户讨价还价时选定一个好帮手，能达到影响客户心理、引导其接受既定价格的目的。当然，"打铁还需自身硬"。如果你与帮手在谈判中不得要领，同样难以成功。所以，你还要制订一个明确的销售目标，合理分配你和帮手在谈判中各自的任务，只有分工明确、目的明确，才不至于在谈判过程中乱了阵脚，从而更容易赢得客户的信赖和赏识。

当然，一定不要忘记，你才是这场谈判中的主角，千万不可因为有了帮手就想着自己可以退居其后，因为你永远比帮手更了解你面对的客户，整个谈判的局面要始终掌握在你的手里。所以你应该始终把握谈判的主动性，充分调动帮手们的积极性，为实现共同目的而努力。

价格底线：如何在报价前摸清客户的“底牌”

大家都知道一分钱一分货的道理，但为什么在现实销售中，当顾客听到我们报出的实惠价格的时候，却总是觉得价格太贵，无法接受？其实，这是因为我们的报价和客户心里的价格底线有差距，甚至差距很大。为此，我们在报价时千万不可太过直接，而应该先摸清客户的价格底线，只有这样才能减少甚至是消除客户的价格异议，最终实现成交。

当小张在印度尼西亚巴厘岛度假的时候，看上了一个木雕。

“多少钱？”小张问。

“两万卢比。”小贩说。

“八千！”小张说。

“天哪！”小贩用手拍着前额，做出一副要晕倒的样子，然后看着小张，“一万五。”

“八千。”小张没有表情。

“天哪！”小贩在原地打了一个转，又转向旁边的摊子，对着那摊子举起手里的木雕喊：“他出八千！天哪！”又对着小张说：“最低了，我卖你一万三，结个缘，明天你带朋友来，好不好？”

小张笑着耸耸肩，转身走了。因为他口袋里只有九千，距离一万三，还是差太远。但小张才走出去四五步，就听见小贩在后面大声喊：“一万二，一万二啦！”

小张走到别的摊子上看东西，小贩还在招手：“你来！你来！我们是朋友，对不对？我算你一万，半卖半送！”

小张继续走，走出了那摊贩聚集的地方。

突然一个小孩跑来，拉着小张往回走。原来是那摊贩派来的，想把他拉回那家店。“好啦！我要休息了，就八千啦！”

后来，每当小张看到桌子上摆的这个木雕，就想起那个小贩。他常常琢磨自己当初能那么便宜地买到的原因。

原因很简单，因为他坚持了自己的底线。

然而，小贩又为什么会卖？想到这里，小张又不是那么得意了，因为八千卢比，一定也在底价之上，搞不好七千也能买到。

案例中的小张因为坚持了自己的底线，以心满意足的价格买到了木雕。这给销售人员一个启示：一定要摸清客户的底线。那么，销售人员应该怎么摸清客户的底线呢？

（1）可以用编造老板意见的方法来抬高底价。比如，客户想花100元买一条牛仔裤，而你要的价是150元，那么你可以说：“我们都觉得这个产品的价格还可以，但老板只同意125元卖给你。”如果客户觉得125元也可以，你就把他的商谈底价提高到125元，这样与你的要求只差25元，而不是50元了。

（2）通过提供一种质量一般的产品来判断他们的质量标准。“如果您只付100元，我给你看质量稍微差一点的牛仔裤行吗？”用这种方法，你或许能让他们承认价格不是他们考虑的唯一因素，因为大家买东西确实关心质量。

（3）推荐质量更好的产品，确定他们愿意给出的最高价格。“我们这里还有做工更精细的牛仔裤，而且是今天刚到的新款，但是每条170元。”如果客户对质量更好的牛仔裤感兴趣，你就知道他愿意花更多的钱。

（4）假装替别人买卖。比如，你说：“我喜欢跟您做买卖，但是这件不是我的，是替朋友代卖的，以后我们再合作吧。”你以这种方式解除了顾客的“武装”，接着说：“我很遗憾不能卖给你这件衣服，但就咱们俩私底下说，到底多少钱您买？”顾客也许就会说：“我觉得100元是最低的价格，但我想125元也是可以的。”

总之，客户心中有一个期望价，也有一个拒绝价。如果能巧妙运用以上促成交易的技巧，销售人员很可能就会摸清客户的心理价位。

报价技巧：让客户觉得“物超所值”

价格战是销售过程中一个必不可少的环节，销售人员只有抓住客户的购物心理，充分运用语言的技巧，才能增加销售收入。因为在这个世界上，没有卖不出去的产品，只有卖不出去产品的销售员。

我们先来看看下面的案例：

客户：“这件羊毛衫多少钱？”

销售员：“您觉得这羊毛衫值多少呢？你要是喜欢的话，开个诚心价，我给您带一件。”

客户：“我觉得也就值个几百块吧，您觉得呢？”

销售员：“您是识货的人，您看上的东西能便宜吗？说实话……”

这位销售人员的精明之处就是让客户先开价，摸清了客户的底线，让自己有足够的空间与客户商讨价钱问题。在销售过程中，销售人员必须掌握一些报价的技巧，才能掌握主动权。

1.掌握好谁先报价的问题

究竟谁先报价？是由销售人员报价还是由客户报价？这个问题在销售实践中一直存在争议。

但不管怎样，销售人员首先应该注意到报价先后各有利弊。有利的方面是，先报价的影响大。如果销售人员先报价，实际上为谈判定下了框框，最终交易合同将会在此范围内达成。不利方面是，如果客户对销售人员的价格起点已有所了解，他们可以修改自己的报价以此还价，获得可能本来得不到的好处。

是销售员还是客户先报价，应该具体问题具体分析，要看具体的环境和双方的交易关系。如果销售员与客户谈判激烈，不妨先报价，以争取主动。如果整个谈判过程在正常融洽的氛围中，则可见机行事。

另外，如果销售员和客户已经不是第一次合作，在业务上有多次往来，客户对该产品的价格和市场价都有相当的了解，对销售员也是信任的态度，那么，问题就简单得多。在这种情况下，谁先报价对双方来说都是可行的。因为，很多细节问题都不是第一次经历，也就不必逐一议定，需要洽谈的只是少数几个交易条件。

2.报出最高的可行价

从销售方来说，一般的报价是最高的可行价；从客户来说，一般的报价是最低的可行价。

销售员的报价是最高的可行价的原因是：首先，为客户还价留出余地，也就是说，销售员要给自己留出退路；其次，销售员一旦定价，客户只可能接受比这更低的价格，而不是更高的价格，所以，这个价格一经确定就是一个最高的限度；最后，报价直接影响了客户对产品的印象和评价，即这个产品值不值这个价钱。

但在现实销售中，很多销售员认为，报价越高，能赚的利润就越大。其实，这种想法是错误的，因为客户既然决定购买产品，不可能对产品一无所知，过高的报价会让客户有种被欺骗的感觉。这样，会使自己在价格谈判中陷入被动，有失面子，丧失信誉，最终被迫做出让步。

销售员采用“报价要高”的策略，需要做到让步慢，和客户打好心理战。这样，从一开始，销售员就能打消客户“占便宜”的想法，并摸清客户的价格底线，从而逐渐攻克客户的心理堡垒。

在报价时，销售员还要观察客户的态度，对于客户不同的反应，要采取不同的措施。如果客户在价格方面态度很强硬，给销售员施加压力，销售员一定不要轻易让步，要树立信心，以高价压住客户。如果客户所考虑的销售方并不仅是一家，也就意味着你的竞争对手比较多，那么，你要做的是努力维持谈判，并且把价格定到让客户满意为止。一般来说，此价格对客户产生吸引力的话，就离达成一致意见不远了。

另外，销售员报价要明确，毫不犹豫，提出报价也不必过多说明。因为在通常情况下，当你报价后，对方一般不会接受，或不会马上接受，必然要进行询问。如果你报价后立即说明暴，反而会自暴其短处从而使对方意识到，“啊！原来你们关心的是这些问题”。

最后，不要在一开始就报价过低，因为讨价还价确实是销售工作中司空见惯之事。有时，销售人员提供的是优质服务和优质产品，不想用降价来取胜，面对着客户压价的要求，要以坚定的语气，心平气和地对客户说明不降价的理由。

委婉报价：如何让客户更容易接受

我们都知道，价格争议永远是销售活动中无法避免且最难解决的问题，这也让很多销售员伤透了脑筋。其实，如果我们能用点心理策略，在报价的时候注意方式，比如分解价格或者由顾客自己报价，那么，顾客会很容易被我们引导，进而接受我们的报价。

我们先来看下面的案例：

某超市要批发进一批牛奶，进货员与牛奶工厂老板就牛奶价格进行交涉。

进货员：“你们厂的牛奶是什么价格？”

工厂老板：“是这样的，我们的牛奶每包算下来给你一个进价吧，两块二一包。我们调查了一下，这种牛奶的市场卖价可是三块，也就是说，一包牛奶你们可以赚八毛，一两包是小事，可是积少成多，你们就赚大了。”

进货员：“可是，你们产品的质量如何？隔壁厂的牛奶才两块呢。”

工厂老板：“不知道您注意到没有，在采用的保鲜技术以及口感方面，我们厂在业内做得算是最好的，我们坚持用质量和品质来赢得客户。质量上您绝对放心。”

进货员：“好吧，我买下这批牛奶了。”

案例中，这位销售人员的精明之处就是在报价的时候并不是采取整体报价——也就是不报出一批货的总价格，而是将这批货的价格分解，这样，客户就会感觉到便宜，可见，委婉报价法是一种很好的技巧。相反，假如他直接报出这批牛奶的价格，那么，面对一个相对庞大的数字，对方可能会因为价格问题而产生异议，阻碍顺利成交。

可见，在销售过程中的报价问题上，销售员不可太过直接，有时候换个方式报价，客户接受起来就会容易得多。

那么，具体来说，我们该怎样使用委婉报价这一技巧呢?

1.先谈价值再报价

这种方式的运用需要我们把握好沟通的进程，要在客户提出价格问题前就让客户对产品的价值产生认同。随着销售员对产品价值的一次次强化，客户就会感觉物有所值，报价也就不再是问题了。

2.价格分解法报价

这种方法是将产品的价格以小单位来报价。比如，如果客户购买一台空调需要5000元，你可以这样告诉客户：“你这台空调的使用年限是二十年，也就是一年才250元，一天才不到一元，非常划算。”如果是销售一瓶30毫升、价值210元的香水，你可以做拆分计算，告诉客户只要喷上一毫升，仅仅需要7元，香气就能持续一整天，一般这样客户都会心动。

3.模糊报价法

模糊报价一般以整数的形式出现，它通常会比实际价格要低一些，主要是为了吸引客户的注意力，争取机会顺利进入谈判阶段。在谈判中随着一次次强化产品价值等因素，客户也就更容易接受实际价格。

4.引导法报价

这种方法是利用先入为主的语言，迎合客户力求低价的心理，引导顾客接受你的报价。如“您今天很幸运，我们做活动，比平时便宜……”“这件商品相对价格不贵……”“最近比较便宜……”此外，在报价时，声音要响亮清晰，态度要坚决干脆，让对方感觉这就是最低价。

5.选择合适的报价时机

选择合适的报价时机是成功销售的一大要素，但关键在于如何找到这个时机。大量销售员的经验表明，最佳的报价时机必须具备下列两个条件：

首先，客户对产品有了充分的了解。其实每个客户都会对产品价格产生异议，这也是人们购买产品时普遍存在的心理。只有在客户了解产品的具体情况后，能够理性地看待产品价格了，我们再报价效果会更好。

其次，客户对产品有急切的购买欲望和热情。如果客户的购买热情并不强烈，除非价格很有吸引力，否则，即使销售员主动报价，客户也会不为所动。倘若价位对客户来说比较高，那么，这个客户肯定会流失。

如果能利用以上技巧，相信我们的销售工作一定能顺利地开展。但仍需要注意的是，无论生意是小是大，我们都要做长线生意，不能乱开价，也不能咬死不让，这样我们才能把产品卖出满意的价格，同时还可以与客户保持良好的关系。

讨价还价攻略：如何在博弈中赢得最终胜利

在现实的销售活动中，讨价还价是销售人员和顾客都无法避免的问题。而在这一过程中，销售人员一定要灵活应对，要掌握客户的心理，做到“不亏老本、不失市场、不丢客户”。所有问题都不是一成不变的，为此，销售人员有必要掌握几种应对客户讨价还价的策略，而且，一旦和客户达成协议，就要马上签订协议将其“套牢”，不给对方一丝反悔和变卦的机会。

十一期间，某商场在进行空调促销活动，凡是购买该产品的客户，都能享受到商场赠送的电饭煲。整个促销活动如火如荼地进行着。

这时候，一个老太太走到促销员小王面前，对小王说：“我如果不要电饭煲，你们就便宜200块钱，行不？”

小王是新来的销售人员，不知道该怎么办，只好对老太太说：“不好意思啊，不能这样，您要不要看看价位低一些的空调？”

老太太一下子拉下脸来，转身走了。小王也感到莫名其妙。

要想有效地规避客户的讨价还价，就需要销售人员发挥自己的聪明才智，遇到不同的客户，使用不同的方法加以解决。这里就涉及客户的分类、报价的方式、时间和地点的选择等一系列的问题。

一般来说，在价格问题上，客户会有以下四种异议，针对这四种异议，我们找出了不同的应对策略。

1.客户始终认为优惠不到位

这类客户一般对产品并不了解，他们在砍价的时候是漫无目的、不着边际的。对于这类客户，销售员完全可以在报价的时候就报高一点，这样，才会给自己留出足够的空间来应付客户的砍价。另外，让步的幅度一定不能过大，可以慢慢地让步，让客户感受到优惠。

同时，销售员要做好与之打持久战的准备，因为这类客户一般不会轻易达成交易，他会在认为自己已经占够了便宜的情况下偃旗息鼓。所以，销售员一定不能大幅度地让步，因为人们都有越是不容易得到的东西越是珍惜的心理。如果销售员轻易妥协，就会让客户觉得产品价格仍有让步空间，甚至怀疑你刚开始报出的价格的真实性。这样，销售员就失去了在谈判中的主动地位，这无疑会助长客户砍价的气焰。但同时，销售员的让步必须有度，这样才会让客户有一种胜利的喜悦。客户一高兴，签订协议也就水到渠成了。

2.礼品是次要的，只要降价

这类客户是实在型的，面对这样的客户，你不妨和他说：“按照一般原则和商场规定，我们这里是不允许这样的情况出现的，但您稍等一下，我帮您问一下经理，看能不能给您争取一下。”

这样，即使结果和客户想象的不一样，他也一样会感激你，因为你为他做了努力。说不定，他会愿意接受礼品，买下产品。

3.产品存在瑕疵，应当降价

这类客户一般喜欢吹毛求疵，无论产品本身是否存在问题，他都会找出问题，然后借机杀价。即使销售员做出让步，他还是不罢手，紧紧抓住产品的弱点，最大限度地砍价。对于这种客户，销售员不妨把自己的产品与同类产品相比较，或者采用其他方式淡化这种缺陷，让客户明白你的产品在同类产品中的优势或者让客户忽略这点小瑕疵。

4.认为自己是老客户，应当享受优惠

这类客户是爱贪小便宜的，在通常情况下，他们都会以自己是老客户为借口要求降价。他们这样做无非出于两个目的，要么是真心想购买，但是希望通过这种方式获得优惠；要么根本不是诚心购买，只是为了探探价格虚实。

销售人员可以怎么说：“我也想为您效劳，可是这是商场的规定，不然对其他客户就不公平了，您说是吗？”另外，你可以借此机会，拉拢更多的客户：“哦，这样啊，我们商场今天有个活动，就是两人或三人一起购买的话，会享受到八折优惠……”诚心想买的客户会立即被这样的优惠诱惑，成为我们的客户源之一。

第7章

化解拒绝：让客户从说“不”到说“是”

在销售过程中，当客户不愿购买的时候，他们总是有各种各样的理由，诸如“考虑看看”“和家人商量”“只认名牌”等。也许这是顾客拒绝的真实原因，但在大多数情况下，这些理由只不过是顾客为了顾及销售人员的面子找的拒绝借口。聪明的销售员切不可被客户的理由所蒙蔽，也不可轻易就退缩和放弃，应该冷静下来，积极寻找应对策略，努力化解顾客的拒绝，进而留住顾客的脚步！

客户说“要和家人商量”，如何让他当场决定

在销售过程中，不少销售员遇到过这样的难题：我们满怀热情地为客户介绍产品，客户对产品也很满意，我们信心满满地以为客户会购买，但到关键时刻，客户却说：“我得回去问问家人，我做不了这个主。”这句话犹如一盆冷水，浇灭了销售员的热情。一些销售员以为客户这样说就等于拒绝购买，于是他们放弃继续推销。而也有一些销售员，太过急功近利，听到客户这样说，为了挽回客户，他们回应：“这样的事情还要问家里人啊，自己决定就行了。”“不用商量了，这么超值的产品哪里还有啊？”这两种太过直接的回应方式，无疑都会赶走顾客。

其实，客户称自己要询问家人，在一般情况下，有两种可能：第一种正如他所说，他需要和家里人商量；第二种可能只是一个借口，客户不好直接拒绝销售员。通常来说，在是否购买上如此犹豫不定的客户，一般性格多优柔寡断，没有主见，极易受外界环境的影响。所以，销售员一定不要轻易让这类顾客走掉，而是针对其性格特点，尽量说服其购买。

一天，某商场男表专柜来了一位女士，她告诉销售员，第

二天就是他们夫妇的结婚纪念日了，所以她希望买一款男士机械表作为礼物送给丈夫。在看了几款产品后，她说：“我怕我爱人不喜欢，我还是回去和他商量一下吧。”

销售员：“是的，您有这种想法我可以理解，毕竟买一块名表也不是小数目，想与丈夫商量一下也是正常的，但其实，您知道吗？如果您在结婚纪念日当天给丈夫一个惊喜，那他一定会更高兴。如果您与丈夫商量的话，这种神秘感就消失了。另外，今天刚好是我们十周年店庆，会有返利活动，满一千就直降一百。这个活动仅限今天一天。而且，您也看到了，我们这里的表每款只有一只，而且销量很好。这样好吗，我现在暂时给您保留起来，不过我真的不能保证这款表下午还在。所以，我真的希望您不要错过……”

顾客：“我看我还是先买了吧，万一下午过来的时候，其他顾客已经买走了，那就可惜了……”

这名销售员之所以能说服顾客购买，是因为他既保持了良好的态度，又对顾客适当施压：如果顾客现在不购买，执意要回去与丈夫商量的话，不仅会失去给丈夫惊喜的机会，还可能会导致她中意的手表被其他客户买走，甚至会错过店庆返利的优惠。综合考虑之下，顾客自然会暂时放下与丈夫商量的想法，从而选择立即购买。

那么，面对这种情况，销售员该如何处理呢？

1.认同顾客顾虑的合理性

和案例中的销售员一样，如果我们能认同顾客的顾虑，表现出同理心，会让顾客觉得你是在为他考虑，就能争取到顾客的心理支持，继而会拉近你和顾客间的距离。那么，即使顾客认为需要和家人商量，你也可以暂时把顾客留住，从而为我们接下来的说服工作奠定基础。

2.帮顾客认识到不与家人商量的好处

案例中的销售员很聪明，当顾客认为需要和丈夫商量时，他从“惊喜”这个角度劝说，让客户认识到与其与丈夫商量，还不如给丈夫一个惊喜。

让客户认识到不与家人商量的好处，我们可以挖掘产品背后的意义，恭维一下顾客。比如，“其实，这不仅仅是一件产品，更是一种心意，是一种爱。所以，只要是你买的，你老公都会喜欢的。如果他真有什么不满意的地方，只要不影响再次销售，我们特许您在三天内都可以拿回来调换，您看这样可以吗？”

3.对顾客施以适当的压力，帮顾客做决定

如果顾客迟迟无法下定决心购买，销售员千万不要认为等待可以得到结果，因为顾客权衡不出答案也许会就此放弃购买。所以很多时候顾客下决定时需要销售员的参与，这就需要销售员主动出击，对顾客适当施加压力，甚至帮助客户做决定，这一招通常很奏效。比如，你可以这样说：“我这里的这种产品只剩下最后一批了，而下次什么时候才能拿到这种货就说不定了”，或者说“这种产品现在特别缺货，我们公司已经不生产了”等。如果顾客确实满意产品，一般来说，他们会立即做出购买决定。

另外，我们还可以掌握一些快速成交的方法：

（1）适当赞美顾客，鼓励顾客尽快成交。如：“您的眼光真好，您爱人一定会喜欢的。”

（2）从众成交法，即用人们的从众心理来刺激顾客购买。如：“现在的小女孩都喜欢这样的款式，我相信您的女儿也一定会喜欢的。”

当然，运用这一方法时，切记不可急功近利，要给顾客充分考虑的空间，适当的时候，也要退后一步，否则很容易令客户心生反感。

客户想“货比三家”，如何让他选择你

俗话说“货比三家不吃亏”，任何一个客户都知道这个道理。因此，他们在挑选产品的时候，总是希望有更多的余地。而正是因为这一心理的存在，给销售人员带来很多困扰——无论怎么介绍产品，客户总是一副可买可不买的态度，然后对销售员说：“我想再去别家看看。”客户之所以会有这样的态度，无非有两个原因，一是因为你推荐的产品品种实在无法满足他的挑选要求；二是因为客户这种“货比三家不吃亏”的心理造成的。对此，销售员想要留住顾客，就需要掌握一定的沟通方法，打造独特的卖点吸引顾客。

白领丽人林小姐这天下班后来到一家鞋店，在店内逛了一圈后，她摇了摇头，说：“哎，我还是去别家看看吧。”

站在她身旁的销售员立即说：“小姐，您先留步，请问小姐您是否觉得我们店的鞋子种类太少，您选择的余地不大？”

林小姐：“是啊，就这几款，怎么选？”

销售员：“的确，您说得很有道理，开鞋店首先就要吸引客户的眼球，不过我们老板非常喜欢那些不落伍又不落俗套的经典款式。”

林小姐：“你这么一说，我还真发现，你们店的东西不太一样。”

销售员：“是啊，产品贵在精而不在多嘛。我看您也是很注重品质的人。鞋子和时装不同，服饰容易过时，但鞋子只要搭配得好，总是能穿出永不过时的感觉。”

林小姐：“你这看法，我很同意。你看，我脚上这双短靴，别人都以为是新买的，实际上，我已经穿了两年了，只是我喜欢以不同的方式搭配，因此穿出来总是有不一样的感觉。”

销售员：“是啊，您再注意看一下我们店的鞋子，最大的优点就是容易搭配，而不是追求新奇！”

林小姐：“是的，那你觉得我适合什么样的鞋子呢？”

挑选了一会儿后，销售员拿起一双低跟系带皮鞋说：“我看这双就不错，您身材很高挑，高跟鞋的高度不用太高，而且这双鞋正是走的复古文艺路线，更能体现出您的文艺美。”

林小姐：“是吗？我相信你的眼光，我去试试看。”

最后，林小姐兴高采烈地买了这双鞋。

在这则销售案例中，当顾客称自己要去“别家看看”时，销售员并没有放弃推销，而是主动承认了客户的想法——产品种类太少。接下来，她也并没有以“新货过两天就到了”“商品已经卖得差不多了”等借口推脱，而是承认客户的观点，然后向顾客表明虽然种类少，但款式经典、有特色，进而让顾客有这样的感叹：“你这么一说，我还真发现，你们店的东西不太一样。”接下来，销售员对客户的品位进行了一番夸赞，更是让顾客对其产生了信任感，最终促成了交易。

那么，针对这种情况，我们该怎么应对呢？

1.先稳住顾客

当顾客说“我想再去别家看看”时，我们就要明白，这只不过是客户的一种托词而已，你不要认为客户还会再回来，因此你要做的就是先稳住顾客，不要让客源流失。

而要想留住顾客，就要和案例中的销售员一样，用产品其他方面的卖点吸引住客户，进而转移话题。比如，你可以告诉客户：“我们店里的产品虽然种类不多，但都是经过精心挑选的、款式经典又畅销的产品。”但是需要注意，导购员所说的话一定要与事实相符，如果店里的产品并非如此，导购员却硬说是这样，那么丢掉的可能就不仅是顾客了，甚至还会损害店铺的信誉。

2.服务至上，让客户满意

现代社会，随着竞争的日益激烈，产品在质量与功能方面大同小异，人们在购买时更关注的是销售员的服务态度，谁的服务好，顾客就购买谁的产品。可见，销售员做好服务也是赢取顾客至关重要的一环。如果照顾得不周到很有可能让顾客感觉受到冷落，从而影响成交。

3.用特色赢过对手

在追求时尚与个性的今天，人们也越来越注重产品的个性化。我们在购物的时候，也会不经意地发现那些面积小却很有特色的店面。这些店铺虽然看起来不大，却往往内有乾坤。而如果这些店铺的导购不善言辞，顾客还是会觉得产品种类不足，故而“去别家看看”。

所以，当客户说想去别家看看时，你如果想留住顾客，就要尽力让顾客感受到你产品的独特性以及具有的特殊含义，进而让顾客改变原有观点，用特色引起顾客的兴趣和购买欲望，实现销售目的。

客户质疑产品功效，如何扭转局面

任何客户在购买产品的时候，都希望产品能物美价廉且物超所值。但作为销售人员，我们都清楚，没有任何一件产品能完美无缺。而正是因为这样，导致了很多客户在购买产品的时候，对产品百般挑剔，甚至对产品的品质直接予以否定：“这件衣服的做工也太差了吧！”“这冰箱制冷效果怎么这么差啊？”面对顾客的这种刁难，很多经验尚浅的销售员可能会不知所措、语无伦次，并作出顾客拒绝购买的判断。

其实，销售员完全没有必要紧张，因为顾客也深知世界上没有绝对完美的产品这一道理，只要我们能保持镇定，积极寻找应对的策略，然后耐心引导，突出产品的长处，以此来淡化产品的劣势。即便顾客直接指出产品的缺点，也不要慌张，要耐心向顾客解释，打消其心中的疑虑。

一位小姐来到某化妆品专柜购买化妆品。

顾客：“我可以试用一下这款眼影吗？”

销售员拿出试用装：“好的，您试试吧！”

顾客边试用边说：“这眼影怎么感觉品质不太好啊。”

销售员：“谢谢您的建议，我们在生产技术上一定会尽力提高的。您能否对我们产品提些具体的建议，比如，哪些方面不够好呢？”

顾客：“它的颜色不均匀。”

看到顾客对产品观察时聚精会神的样子，销售员说：“好的，谢谢您，那么，您觉得这款眼影还有其他的问题吗？”

顾客：“这个，我还是觉得颜色不太好啊。”说此话时，顾客的眼睛从没离开过产品，并且流露出喜欢的目光。

销售员：“小姐，实不相瞒，您看上的这款眼影是限量款，现在就剩下一套了。如果不及时购买的话，恐怕就买不到了。”

顾客：“这倒是，那既然是最后一款，你们能不能给我打个折？”

销售员：“请您放心，现在购买我们产品，都有八折优惠。”

最终，这位顾客购买了这款眼影。

在这则案例中，我们可以看出，这位顾客是精明的，看上了产品却并没有表现出来。相反，她却说产品质量不够好，像次品，其实她挑剔产品，无非是希望销售人员能在价格上做一点让步。因为看出了客户的心理，销售员采取了聪明的策略：她首先肯定顾客所谓的“意见”，然后引导顾客说出具体的“不够好”的表现，但实际上，销售员并没有直接回答顾客的问题，而是抓住顾客想购买的心理，以“限量生产”的说法来激发顾客的购买欲。最后，顾客终于说出自己的真实意图，以此达成低价购买的目的。

那么，具体来说，面对顾客否定产品的功效时，我们该如何处理呢?

1.以良好的服务态度来软化客户的心，使其改变看法

不管顾客出于什么目的而否定我们的产品，我们都不能与之争吵，因为争吵解决不了任何问题。不论争辩什么，都得不到任何好处。当客户否定我们产品的功效时，我们一定要先认同客户，安抚好客户的情绪。以友好的态度来对待顾客，营造出一种和谐、愉快的氛围，让客户感觉到自己受到了重视，此时，他就会愿意与销售员沟通，从而提高了购买产品的可能。

2.辨析顾客的真假异议

很多时候，客户称我们的产品功效差并不是真的有异议，而是希望得到优惠或者为了达到其他目的。此时，如果我们不能辨识出客户的真实意图，就会在与客户沟通的时候南辕北辙，达不到真正的沟通效果。当然，这需要销售人员运用敏锐的观察力，从而发现顾客的刁难是否是真实的异议。通过对顾客言行举止进行认真分析，加深对客户的认识并把握交流方向，是很多优秀的销售员经常使用的一种方法。

另外，积极的询问也是找出客户刁难的真实原因的一大良方。多问一些“为什么”，让客户自己说出原因，这样有助于我们更好地作出判断。

3.产品本身的确存在问题时，要尽力为顾客解决

当然，客户否定我们的产品功效，也可能的确是产品本身存在问题。此时，客户虽然指出了产品的确存在的某种劣势，我们也不能让思绪跟着客户走，而应该继续强调产品的优势，并要学会扬长避短地回应顾客。

总之，无论顾客对产品存在什么样的顾虑，我们都要加以重视，灵活应对，摸清顾客顾虑的原因并为顾客提供周到的服务，以此引导客户，使其愿意购买产品。

如何打消客户对“品牌”的顾虑

当今社会，随着人们生活水平的提高和商品选择越加多样，人们的品牌意识越来越强，对品牌的热衷度越来越高，尤其是年轻的消费群体，更是将品牌定义为时尚和品位的代表，更有甚者，非品牌不购买。正因如此，那些非品牌商家的销售难度无疑就会加大。我们经常会发现，任凭销售人员怎么介绍产品的优点，怎么劝客户购买，顾客还是会产生疑问：“我一向只买品牌产品，这种普通品牌的产品没有保障，我可不敢买。”这类顾客常使得销售员陷入尴尬。面对顾客这种对品牌盲从的心理，有些经验尚浅的销售员会显得局促不安，并认为已经没有回旋的余地，只能放弃销售。而实际上，顾客信任品牌，是因为品牌能带给顾客一种安全感，所以，如果我们能够运用技巧消除顾客疑虑，继而让顾客选择购买产品也并非不可能。

一天，一位先生来到某家居建材商场的灯具店，看样子是要买灯。

销售员：“先生，您是想买灯吗？进来看看，款式多着呢！”

顾客：“这款挺漂亮的，是什么牌子的？”

销售员：“先生真有眼光，这是我们昨天刚进的货，它采用的是德国进口的工艺，最近我们这款产品卖得很火。”

顾客：“我没听说过这个牌子。”

销售员：“是的，可能您没听过这个牌子，这是因为我们的宣传力度还不够，真谢谢先生您的提醒。实际上，这个牌子已经上市七八年了，全国的各大城市都有我们的专卖店，不过本市只有我们一家。先生肯定知道××这个品牌吧，这两年，我们努力的目标就是要成为和××一样知名的品牌。”

顾客：“真是这样吗？”

销售员：“是的，我们品牌的设计理念就是生产安全、节能而且有品位的灯具，毕竟，产品功效如何也直接关乎到我们的销售量和信誉度，把产品做好是任何一个品牌形成的最根本原因。”

顾客：“这话倒不假。”

销售员：“您手上拿的只是其中一款，您看看这边，还有一些设计新颖的款式……”

在这则案例中，我们发现，这位销售员是聪明的。当顾客提出“没听说过这个牌子”时，他并没有直接否认顾客的观点，说诸如“怎么会没听说过呢，我们可是全国知名品牌”“这个品牌推出好几年了，在这一行业很出名的”这样的话。因为这种解释显得很空洞无力，更是毫无说服力。同时，他也没有直接承认客户的观点：“我们这牌子现在正在多家媒体上打广告。”“不瞒您说是个新牌子，刚刚上市。”因为这样的回答无疑是验证了顾客的顾虑。这里，他先给自己的品牌找了个不为顾客知道的理由——“我们的宣传力度不够”，然后他将品牌的目标和发展趋势告知顾客，最后，他将产品的主要优势介绍给顾客。在一系列的分析后，顾客才打消了对这一陌生品牌的疑虑。

那么，针对客户只认牌子不认产品的情况，销售员该说些什么打消客户的这种想法呢?

1.劝客户试用，让产品效果说话

客户不相信非品牌的产品，是因为他们更相信品牌能带给他们安全感。为此，让顾客肯定你的产品，最有力的方法就是让顾客亲身体验，让产品效果说话，当顾客接受了这个新产品，顺其自然地就会接受这个品牌。

2.将产品与客户信任的品牌进行对比

我们可以这样向客户提问：“那么，您觉得哪个牌子的产品好呢？”当客户回答后，我们首先要认同客户的观点，然后再将自己品牌的产品和名牌产品进行比较。如果二者相同，则强调自己产品的优势；如果产品不一样，则强调产品的特性。

3.出示关于产品的最有利的证据

有些时候，如果我们的产品无法让客户试用或者为客户演示，我们不妨向顾客提供关于公司品牌的一些具有说服力的资料，或是承诺质量保证，或是证明公司优秀的经营管理水平和较强的进货能力。此外，还可以向其介绍一些品牌的销售状况和品牌的发展前景等。

总之，当顾客只认品牌不认我们的产品时，我们就要从产品质量方面给予顾客保证，并强调产品的优势不仅在于产品本身，而且在价格方面也会让顾客感觉物超所值。同时，可以适时引导顾客体验产品，让他真切地体验到产品为其带来的好处，从而使顾客不知不觉地放弃对名牌产品的执念。

第8章

服务至上：让客户成为你的“忠实粉丝”

作为销售员，我们都知道开发客户的重要性，这一点自然毋庸置疑，但与客户保持稳定联系也是非常重要的。事实上，不少销售高手都是通过老客户来做成生意的。与客户签单并不是销售工作的结束，而是另一种开始。销售员若想扩大自己的忠实客户群，就要不断利用售后的机会，即使售后已经不是你的工作范畴，你也要注意与售后部门密切配合，为客户提供一流的售后服务工作。这不仅可以减少客户投诉，提高客户忠诚度，还可以提高销售量。

表达重视：让客户觉得自己是“VIP”

每个销售员都知道，良好的售后服务是留住客户、形成口碑、塑造企业良好形象的重要前提。销售员负责的是销售工作，但是仍然要尽最大的努力帮助客户解决售后问题。不管客户遇到什么问题，都要尽心为其解决，切忌推卸责任，要知道客户不会同一个不负责任的人合作两次。

产品的销售不同于一般的工作，它是向前无限循环、不断扩展的工作，没有终点。从这一角度来看，如果销售员能够做好售后服务工作、让客户满意的话，就很可能为自己带来新的生意。

曾经有记者问世界顶级销售大师乔·吉拉德：“我知道您从事汽车销售行业的第二个月，就一下子卖出了好多车，最好的成绩是一天十八辆车，这个纪录到目前都还没有被打破过。那么，在您汽车销售的职业生涯中，有没有什么原则是您一定要遵守的。”

乔·吉拉德的回答是：“当我卖给你一辆车以后，我要做三件事——服务、服务还是服务。有人问我：‘乔治，我一个月只卖掉四辆车，都有点照顾不过来客户了。你的业绩可是平均一天卖六辆，你是怎么为这么多客户提供服务的？’一个月卖掉四五十辆车对我来说太容易了，我与一家很有情调的意大利餐厅签有合约。在每月的第三个星期三，我会邀请客服部的三十六位维修汽车的技工，与我一同进餐。我给予他们关爱，重要的是他们也表现出对我的爱。所以当客户来的时候，我的助手去客服部能请出四位技工，他们二话不说打开工具箱马上开始修车。如果你是客户，你会去找谁买车？卖车时我会给你承诺，我绝不会对这辆车置之不理。你叫艾迪，对吗？艾迪，我决不会抛弃这辆车，我会一直关注这辆车。无论你何时何地需要我，我都会给你的车提供超乎想象的服务。投之以桃，报之以李。通过口碑相传，我的服务尽人皆知。全美国的人蜂拥而至，来我这里买车。”

销售员都羡慕乔·吉拉德的销售业绩，那么，我们也应该和他一样重视对客户的售后服务。当我们把产品卖出去以后，并不是万事大吉了，相反，这正是下一次销售的开始。客户购买完产品，无论是对产品质量、使用方法等存在疑问，还是需要维修，我们都应做到不遗余力地为客户服务。只有让客户满意，才可能打开新的销售大门。乔·吉拉德所谓的“口碑营销”就是这个道理：如果你的产品和服务都非常优秀，价格也合理，有时不用你要求，客户也会介绍他身边的人找到你。

那么，销售员该如何做好售后方面的工作呢？

1.推销完毕后对客户进行追踪

当我们把产品推销出去后，还要和客户保持联系。这样，我们可以深入了解客户的需求，知道他们是否对我们推销的产品感兴趣，同时在和客户交流的时候，动态掌握，实时更新客户新的需求。如果我们了解到客户对产品存在着某些疑问和意见，我们一定要在最短的时间内采取措施，及时满足客户的需求并表达歉意。这样，可以延长销售员同客户联系的时间，并能让客户在联系的过程中感到自己购买的决定是明智的，这会提高他们再次购买的可能性。

2.建立客户“发泄机制”，及时弥补客户的不满

作为销售员，我们都知道，即使做工再精细的产品，也可能会存在一些不足；同时，客户在使用产品的过程中，也可能因为使用不当，产生其他问题，客户因此会产生抱怨甚至投诉。对此，一些销售员觉得难以接受，认为客户太挑剔，是在故意找碴儿。在处理这些问题时，我们不能简单粗暴地以推脱的态度，把责任归结于售后部门；或者一遇到满腹抱怨的客户，就像泄了气的气球，只会打退堂鼓。这是十分不明智也不可取的。

作为销售员，我们应该理解客户，并建立客户“发泄机制”，认真倾听对方的抱怨。只有这样才能为客户提供更加优质的服务，同客户建立长久稳定的合作关系。

3.做好定期的回访工作，令客户感受到你的责任心

做好客户回访是提升客户满意度并带来新客户的重要方法。客户回访对于维护老客户来讲至关重要，通过客户回访，可以令客户感受到你的责任心，还可以得到老客户的进一步认可。假如充分利用客户回访技巧，会得到意想不到的效果。

总之，销售员只有做好售后服务工作，取得客户的满意，才能处理好与客户的关系，与他们交朋友，得到他们的信任、欣赏，这样才有可能通过老客户发展新客户。

二八法则：如何聚焦关键客户，提升成交率

作为销售员，我们深知，不同的客户带给我们乃至企业的是不同的收入与利润。从相关统计来看，80%的收入是由20%的大客户带来的，有时候90%的盈利是由不到10%的客户创造的。于是，就有了关键客户的产生。所谓“关键”，是指那些对企业具有战略意义、能对企业盈利做出重大贡献的客户。关键客户也就是我们俗称的“大客户”，各个行业都可以看到大客户的身影，从股市的大客户室，通信公司的大客户事业部，再到航空公司的头等舱，衡量一个客户价值的标准不只是看他的社会地位和身份，更重要的是看他对公司利润贡献的大小。传统的营销观点认为，公司对所有的客户无论大小都会一视同仁，但在实际操作中，这条规则却不成立。

所以，在客户关系的维护上，我们要牢牢盯紧关键客户。而防止关键客户“跳槽”的最根本的做法是提升客户的满意度，令其真正享受到“VIP”的待遇，进而提高忠诚度。我们先来看看下面的案例：

王平是保险公司的销售员，销售业绩一直名列前茅。他有个整整跟踪了三个月却没有做下来的大客户，他知道能否拿下

这个订单，直接关系到自己本季度的销售额。

对方是某建筑公司的总经理刘某。这天，他得知刘总的儿子考上了清华大学，他心想，这是个问候刘总的好机会。于是，他来到这家公司，绕过了秘书，见到了刘总。一见面王平就热情地说：“刘总，您好，很高兴又见到您了，听说您的儿子考上清华大学了，恭喜您啊。”

刘总本来对王平抱有很强的抵触心理，但一听到王平谈到自己的儿子，就心花怒放，喜上眉梢，于是他和王平就这个话题谈了起来。

这一谈不要紧，刘总防备心早就抛到九霄云外了。谈了一早上后，刘总心情大悦。王平抓住这个机会，拿出保险合同说：“刘总，您看这么高兴的事情，应该同喜同乐，您给员工们买份保险吧，让员工们也能分享到您的快乐啊。”

刘总正在兴头上，想也没想，拿起笔就在合同上签了字。就这样，王平花了三个月没跟下来的单子终于拿下了。

从这个故事中，我们了解到，保险销售员王平之所以能拿下这个大客户，是因为他能体会客户快乐的心情并选准时机。

那么，根据二八法则，我们该怎样服务大客户呢？

1.提升自身素质

一般来说，大客户的要求很高，所以销售员必须要时刻留意客户动态、行业动向，抓住客户在不同时期的发展需求，提供相应的服务。服务大客户对销售员的综合素质要求很高，销售员无论是交际能力，还是专业能力都要过硬，所以销售人员首先要提高自身综合素质。

2.保持与大客户的沟通

能随时保持有效的沟通非常重要，对此，我们要利用一些时机多与大客户进行沟通交流，随时关注大客户的动向。

3.为大客户制订个性化服务

针对不同的大客户，要制订出个性化服务，让客户感受到我们不是在与他们做生意，而是在为他们服务，在帮他们的忙，这点尤为重要。

4.掌握为大客户服务的三重境界

单纯的微笑永远不是“以客户为中心”的经营理念的核心。我们要实现从产品和服务的提供者向长期合作伙伴的转变。

为此，我们需要掌握为大客户服务的三重境界：

（1）第一重境界：我们要将现有的服务高品质地推给客户，让客户感受到热忱、周到的服务，用细节感染客户。

（2）第二重境界：“因客户而变”，即站在客户的角度来设计服务流程，打造产品。

（3）第三重境界：主动引导客户，通过不断地推出新产品、新服务等手段来吸引客户，不断创造购买兴奋点。

不变的客户给公司带来的收益会远多于经常变换的客户。客户的每一次变换都意味着多出的风险和费用的流失，而关键客户的转变更是事关我们的业绩和企业利益。因此，作为销售员，在维护客户的关系上，我们一定要盯住关键客户，令其真正感受到“VIP”待遇，只有这样才能稳固我们和大客户的长久合作关系，销售工作才能顺利进行。

服务细节：用周到服务挖掘新商机

与客户签订协议是销售工作的最终目的，我们的业绩好坏也取决于成交量的多少。因此，一些销售员认为，只要客户完成购买，就万事大吉，就意味着销售的结束，实则不然。一次销售的结束，恰恰是另一次销售的开始。聪明的销售员即使在销售结束后，还不断殷勤地为客户服务。因为他们明白，赢得售后是产品的“第二次竞争”。客户在使用产品的过程中，无论遇到什么问题，他总是能及时出现，帮助客户解决问题。当客户习惯于他的服务后，自然便产生一种依赖感：无论他需要购买产品还是售后服务，总是会优先想到这位销售员。于是，客户成了这位销售员的最忠实客户。

与客户成交之后，为客户提供一流的售后服务是非常重要的，它关乎到公司和销售员在这个行业中的口碑。而且，通常情况下，客户的抱怨中有极少部分是关于产品售后服务的，这就说明售后服务在销售中起到极为重要的作用，它代表着销售的精神、文化和现象。因此，一流的售后服务是解决客户投诉、防止客户产生抱怨的有效的途径。

那么，销售员用什么方法才能在激烈的市场竞争中牢牢地抓住这些忠实的客户呢？那就是优良的产品和一流的售后服务，这两者相辅相成，但有些销售员却还没有意识到售后服务在销售中的重要地位。

现在越来越多的企业注重用一流的售后服务来维系和稳定客户关系，同时将它作为展现企业竞争力的标志。这说明，售后服务在整个销售中相当重要，它不仅能维系过去的老客户，而且可以吸引新客户。售后服务是关系到企业生存和发展的重要因素之一。因此，销售员必须做好售后服务，维系好新老客户关系。只有占有了客户，收入才能源源不断。

那么，具体来说，销售员怎样做才能赢得售后呢？

1.经常问候你的客户，让客户随时都能想起你的存在

有时候，销售员凭借自己的口才说服客户购买，但不经常和客户联系，那么，客户可能很快就会忘记和你合作过。如果产品不存在什么问题，大家相安无事；一旦产品出现问题，客户就会质疑你的公司和产品，更不可能给你介绍新客户。相反，如果你与客户经常联系，在重大特殊的日子里，给客户送上最温馨的祝福，即使你和客户是新交，也能混个耳熟。当客户下一次购买或者介绍新客户的时候，一定会首先想到你。

2.随时让客户了解你公司的最新发展状况

销售员自身的发展也是依靠公司的，如果你的客户知道你所在的公司正在发展壮大，也一定会对你多一份信任。所以，销售员对公司新产品的宣传一定要到位，让客户觉得你所在的

企业是不断发展壮大的。如果销售员能将这方面的工作做到位，无疑可以解决客户的后顾之忧。一旦客户对合作没有了顾虑，实际上就是对销售员表示依赖和信任。

总之，推销是一个持续长久的过程，成交既是本次推销活动的结束，又是下次推销活动的开始。推销员在成交之后仍继续关心顾客，既能赢得老顾客的心，又能吸引来新顾客，一举两得，可使生意越做越大，客户越来越多。

定期回访：如何让老客户持续为你带来新订单

长期以来，销售行业存在这样一种问题：一些销售员对新客户热情相待，但对老客户没有耐心。其实老客户就像老朋友，维护好与老客户的关系，做好老客户的回访工作，既能为推销员打造良好的信誉，又有可能促成老客户的二次购买，销售员还有可能通过老客户的再介绍，开发出更多的新客户。

所谓回访，是指公司客服部门相关负责人，了解本公司的客户对本公司的产品及服务的态度并及时解决一些问题，从而提供更好的服务，来提升公司的形象。所以，做好客户回访是提升客户满意度并引来新客户的重要方法。通过客户回访，可以令客户感受到你的责任心，不仅可以得到老客户的认同，有时还会起到意想不到的效果。

老王是某锅炉厂家的推销员，任何一个接触过他的客户都称赞他是个有责任心的人。

一次，他向某物业公司的张总推销出去一台中型锅炉。尽管合约中已经注明安装需要卖方自己解决，张总也没有提出安装的要求，但老王还是带领公司的一些技术人员替张总安装了锅炉。安装完毕后，一次点火就成功。

三天后，老王和一名技术人员又去检查，并询问使用是否满意。此后，每隔两个月，不仅公司派专员前往访问，老王也不断和张总沟通相关事宜。张总看老王对客户这么热诚，不招即来且服务周到，深受感动，他主动和老王交朋友，并且极力动员另外几家公司也去找老王买锅炉。朋友的劝说比老王亲自推销更有效，于是老王又增加了两个客户。

案例中的老王之所以能和客户张总成为朋友，并在未开口的情况下，客户张总就为其介绍新客户，主要原因在于他经常对客户进行回访，让客户感受到他的责任心和良好的服务质量。可见，与客户成交之后，为客户提供一流的售后服务是多么重要，它关乎到公司和销售员在这个行业中的口碑。

和售前相反，在售后服务中，销售员拜访客户越是殷勤，客户对你的产品就越是信任，也越相信你的工作能力和责任心。在售后服务中，你的工作是否到位直接影响客户对你和你所推销产品的忠诚度。

所以，销售员一定要工作努力一点，拜访客户勤一点，这样，客户的担心就少一点，对你的信任就多一点。即使产品出现一些意外情况，你能第一时间出现，客户也不会怪罪于你，反而感激你的负责。这样一来，客户会更加信任、依赖你，并愿意和你展开长期合作，成为你最忠实的客户。所以，销售员在跟单的时候一定要更加认真和勤奋，因为这样才能抓住客户的心。

那么，关于对客户的回访工作，我们该怎样做，又该注意哪些问题呢？

1.回访的方式

（1）定期回访。这种方式可以让客户感觉到你的诚信与责任，同时要注意回访的时间要合理，比如，可以以产品销售出的时间周期为限进行定期的电话回访。

（2）提供售后服务之后的回访。提醒客户应该注意的问题，以此让客户感受到你的专业水平。特别是在回访时发现了问题，一定要及时解决，最好在当天或第二天到现场进行问题处理。

（3）节日回访。在平时的节日回访客户，同时送上一些祝福的话语，以此加深与客户的联系。这样不仅可以提高你的亲和力，还可以让客户产生优越感，增加对你的信任与依赖。

回访客户的方式多种多样，但从实际的操作效果看，电话回访结合当面回访是最有效。

2.掌握客户回访的步骤

在回访客户时，首先应该向老客户表示感谢，然后询问他们对已购产品的看法，以及现在没继续购买产品的原因。如果在上次的交易中有不愉快的地方，销售员一定要道歉，并主动征询老客户的建议。

3.回访中应注意的问题

就电话回访客户而言，一定要避免客户在当天接到两次回访的电话，因为这会打扰到客户进而引起客户的反感。为了将售后服务做到更好，销售员最好将本周的回访统一安排在某一天，以问候的形式进行回访。另外，通过回访，要善于从中发现问题。客户反映的问题能及时解决的就立刻解决，悬而未决的一定在一周内解决。要通过回访提高客户对你的满意度。

许多销售员都知道，开发一个新客户所耗费的时间是维护一个老客户所用时间的3倍。权威调查机构调查的结果显示：正常情况下客户的流失率在30%左右。为了降低客户的流失率，销售人员需要时常回访，以便与客户建立起良好的关系，从而激起客户再次购买的欲望。

第9章

成交秘诀：为销售画上完美句号

销售的最终目的是促成交易，能否成交以及成交价格直接与销售员的业绩挂钩。成交是销售的最后一道关卡，这个阶段事关销售成败，因此更需要销售人员谨慎对待。当然，这需要销售员综合客户的语言、动作、表情等来把握和抓住成交信号，还需要我们及时给迟疑不定的客户一颗“定心丸”，不给客户拒绝的机会，引导和促成客户做决定。只要做到这些，无论你手中有什么产品都不愁卖，正所谓，没有卖不出去的产品，只有卖不出去产品的销售员！

实力征服：如何用专业和自信赢得客户

客户都有同样的心理，希望和实力雄厚的厂家或销售员合作，以期这样产品的质量就有了保证，而且大多数人都喜欢与实力雄厚的人联系，其实也并非想从中得到任何好处，只是觉得认识了有实力的人面子上更好看。谈判中也是一样，如果你是很有实力的一方，对方就愿意与你沟通与合作。

很多时候谈判就是双方实力的较量，实力是谈判背景的重要组成部分。实力强的一方在谈判桌上就会处于优势地位，因为大家都乐意与实力雄厚的对手合作。

杰克是一名去污剂销售员。一天，他来到一家饭店推销产品，当他推门进去的时候，经理办公室已经有人在面谈了。杰克见此情景，对经理说自己也是去污剂推销员，他的产品也非常好。

接下来，杰克拿出一瓶油，倒了一点在地上，然后拿出他们的产品，用抹布沾了点，轻轻一擦，油渍马上就不见了。经理与刚开始进去的这位销售人员都感到十分惊奇。那位销售人员更是手足无措，不知如何是好。接下来，这位经理询问了杰克关于产品的情况，当即决定购买杰克的产品，并且，从此一直用杰克推销的这款去污剂。

这里，去污剂推销员杰克并没有用多么精彩的言辞去说服对方，而是就地展示自己的产品质量，就很快地说服了饭店经理改变初衷，转而订购他的产品。

谈判是一种实力的较量，这种实力既包括谈判场内的实力，更包括谈判场外的实力，需要场内外互为补充，相互呼应，将技巧与方法的效果发挥到极致。这就是为什么在很多的商业谈判中，谈判人员都会极力邀请对方去自己的公司或是厂房实地考察的原因。一是为了表明自己的诚意，二是为了显示其实力。

在销售中也是这样，客户会选择与有实力的人合作。掌握客户的这一心理，在谈判桌上，销售员就一定要让客户感受到自身实力。强大的谈判实力不是天生的，而是需要付出相应的努力或者代价才能获得，谈判之前的充分的准备工作是体现谈判实力必不可少的。此外，使用实力对抗法的谈判策略，还需要时刻注意分寸，既要用己方的强大实力与对手对抗，又不要因此而损害谈判各方的人际关系，要以理服人，而不是专横霸道，否则实力对抗的谈判策略反而会给谈判者带来不良的后果。那么，在销售谈判中，销售员如何展示自己的实力呢？

1.要有自信

自信是实力的最好体现，一个相信自己和自己产品的人总是神采飞扬、说话掷地有声，能简洁明快、顺畅自然且恰到好处地把自己的观点表达给对方。对方听到销售员的妙语连珠，往往也会有美的感受，并激起自己对产品的兴趣。在谈判中，销售员要记住以下说话注意事项。

（1）声音响亮、谈吐自信，这样你就能够感染别人。

（2）吐字清晰、层次分明，这样才能让对方知道你想表达的意思，谁有耐心持续听一些听不懂的话呢？

（3）说话的节奏要恰到好处，抑扬顿挫，速度与语调要配合恰当。

（4）声音大小适中。声音太大，容易让人烦躁；声音太小，不仅对方听不见，而且是自己没有自信的表现，引不起对方的兴趣。

（5）要注意停顿。一句话既不能说得太长，也不能说得太短。适当的停顿，不仅可以调整自己的思维，而且可以引起对方的注意。在停顿的间隙，你还可以观察对方的反应。

与人打交道，就需要你充满自信去面对他人，需要你从心理、着装、话语等方面去透露自己的自信。在谈判桌上，销售人员会遇到形形色色的人，只有你满怀信心去与他们谈判，才会赢得对方的信任与欣赏。要想成功，销售人员首先就要坚信自己的实力和能力，相信自己能够说服对方，只有这样才能信心百倍地面对对手。

2.用产品质量说话

任何产品想要在市场上站住脚，质量才是硬道理。销售员在促成交易的过程中，适时地展示产品的质量和功效，有时候比大量的言语更有效果。

成交前的客户心理：如何抓住“最后一刻”

作为销售人员，我们都必须承认一点，只要尚未签单，就还存在着很多不确定的因素。客户往往考虑很多其他原因，而迟迟不肯签单，这直接影响了交易的顺利进行。而此时，很多销售人员就会手忙脚乱，不知如何是好。其实，销售员只要提前了解客户拒绝成交的心理因素，自然就不会在销售中自乱阵脚。

青青是上海某房产中介的业务员，因为她聪明伶俐、沟通能力好，业绩一直很好。但是最近，她遇到了一位客户，对楼盘比较满意，却迟迟没有决定购买。一个月后，青青再次邀约这位客户。

青青：“张先生，我看您对那套三居室挺满意的，不知道，您今天能和我们签约吗？”

客户：“是挺好的，但是两个卫生间并不是都可以洗澡，这和我想象的不一样。”

青青：“真是对不起，可能是我们在介绍的时候让您产生误会了。其实，那个小的卫生间也能洗澡，只要再安装一个淋浴头或是澡盆就行了。开发商想让客户自主决定，所以并没有安装。”

客户：“我想再考虑考虑，城北那边有几个楼盘也很好。”

青青：“好的楼盘很多，但是像我们公司这样的楼盘并不多，您也是知道的，我们公司一向以诚信为主，给客户承诺的绿地面积和中心花园，绝对不会被占用。恐怕没有哪家房地产公司有我们这么诚信，您说呢？”

客户：“对，但是现在楼市低迷，行业不景气啊！等过一阵子好一点再买。”

青青：“过一阵子行业景气了，价格就没这么便宜了。再说，投资领域里有一条投资原则就是，‘当别人卖出时买进，当别人买进时卖出’。今天大部分有财富的人都是在不景气的时候擅于投资，对他们来说，长期的利益远胜于短期的挑战。相信张先生您也会作出明智的决定，对吧？”

我们不难看出，青青的客户张先生迟迟不肯签约的原因是，他还在观望，希望可以买到更好的房子，而聪明的青青看出来了，并逐一打消了客户的这些想法。很明显，客户最终会被她说服。

那么影响客户成交的心理因素都有哪些呢？销售员又该如何应对和预防呢？

1.客户希望购买到完美无瑕的产品

每个人都希望能买到称心如意的产品，但是这种期望往往会超出产品本身的真实价值。因为世上根本就不存在完美无缺的产品。而且，一分价钱一分货，一定的价钱只能购买到相应价值的产品。比如，人们买手机时，都希望所选购的手机能具备市场上所有手机的优势与功能，像拍照、音乐、导航、上网等。但是，即使功能再多，也难以完全符合心意，所以这种期望和产品现实状况有一定差距。

在谈判中，如果客户较高的期望不能被满足，就会感到很失望，认为自己没有得到应得的利益，从而开始重新考虑是否购买。

要避免这种情况发生，销售员在介绍产品时就要秉持实事求是的态度，保证让客户对产品本身有一个清晰、正确的认识，打消客户过高的期望，如可以尝试让客户亲自试用产品等。

2.客户认为其他家的更好

在销售过程中，出现“撬单”的事情也很常见。即使销售员已经和客户洽谈到签约的事宜，如果出现有威胁的竞争对手，这笔生意也很有可能告吹。

针对这一点，销售员需要时刻注意竞争对手的情况，包括他们同合作客户之间的往来动向、进展程度等。这样才能预防被撬单，从而保证销售工作顺利进行。

3.客户有观望心理

客户存在观望心理，原因也有很多，比如他们在等价格下跌，或是等待竞争对手送来更优惠的价目表以此占据主动地位。但无论客户出于哪种心理推迟购买，对销售员来说，都是十分不利的。此时销售员要主动出击，因为观望中的客户已经掌握了该产品的行业价格情况，在与其他销售公司交涉的时候，他们就拥有了更大的主动权。如果销售员坐以待毙，被动接受客户的拖延策略，就很可能导致销售失败。销售员可以在权力范围内尽可能地满足客户，先得到客户的信任，留住客户的心，一步步地打消客户观望的心理，例如，告诉客户价格优惠将要截止，向客户出示产品的质量认证和权威认证等，帮助客户坚定成交决心。

当然，影响客户成交的心理因素还有其他方面的，但是无论是什么因素，只要我们按照一定策略积极应对，那么当阻碍产生时，我们就能在第一时间解决它，从而保证交易的顺利进行。

识别成交信号：别让机会从指尖溜走

生活中，每个人的性格不一，对于是否购买的问题，也并不是所有人都用语言来表达。此时，销售员应该具备敏锐的观察力，从客户的表情中识别客户的真实想法。然而，很多经验不足的销售新人面对客户发出的成交信号，仍然不明就里，甚至会错意，导致了销售的失败。可见，对销售人员而言，如何在第一时间识别顾客发出的成交信号，并在此类信号的基础上做出具体的引导策略，然后继续努力，把销售进程向成交的方向引导，当然，这一过程是需要一定技巧的。

某网站负责人接待了客户代表，他们在接待室谈了两三个小时，在上网查关键词价格的时候，客户代表做的CE认证这个词被点击一次最高19元多，客户代表就问："你们网站点一次怎么这么贵，要19元？"

19元，确实很高，一般的销售员面对这样的质疑可能都不知所措了，但这名网站负责人说："恭喜你呀，魏总。价格贵说明效果特别好啊。"然后他笑着问："魏总，你们这个行业是不是做一笔单子利润挺高的啊？"当时该客户也笑了，因为客户做一笔单子可以获利几万元到几十万元不等。

的确，当销售员说到这里的时候，价格就不是问题了，而刚开始的反对也就是一种成交信号，而这种成交信号，需要销售员懂得去识别。可能有的销售员在听到客户说价格高时就退缩了，但只要我们善于化解这种成交中的小插曲，反而有利于达成交易。

对销售员而言，第一时间识别顾客发出的成交信号，并加以引导，最终促成成交，是所有成功销售的“必杀技”。而一些经验欠缺的销售员，往往在顾客“暗送秋波”——发出成交信号时，不解风情，导致最终与成交擦肩而过。那如何成功识别顾客的成交信号呢?

1.成交的语言信号

（1）对产品挑三拣四，总是认为产品有不如意的地方。事实上，这类客户并不是真的认为产品不好，而是希望可以通过提出意见来尽量为自己争取最大的利益，也就是人们常说的“挑剔是买家”。如果客户对你的产品没有丝毫的意见，那么，说明他们对产品根本就没兴趣。

（2）称赞其他售货方的产品。作为销售员，你要明白，客户并不是真正欣赏别人的产品，因为果真如此的话，客户就没必要与你费口舌了，他会直接购买其他销售员的产品。客户“违心”地称赞其他售货方的产品，也是为了能在购买中得到更多的“便宜”。

（3）询问价格上的优惠，比如，产品有没有促销或者打折活动。因为人们总是希望能购买到物美价廉的产品。另外，还有些客户，希望通过加大订货量或者是团购的方式，来获得价格上的优惠。所以，当客户在询问这点时，说明客户已经决定购买了。

（4）询问产品的售后、保养、维修、送货时间等问题。这也说明客户已经决定购买了，因为只有问清楚这些，才会有安全感。

（5）问付款方式，这正是表现了客户想要购买的心理。

（6）客户直接向销售员表达自己对产品的满意。

2.成交的动作信号

（1）由静变动。如果客户由刚开始的面无表情或者是抱胸等动作逐渐转变为四处看看，或者开始打量产品等，说明客户已经开始对产品产生了购买意向。

（2）客户的心情逐渐放松。一般在决定购买前，客户会在买与不买这一抉择上产生一种纠结的情绪，看起来很紧张。一旦顾客确定下来，一般就会如释重负，自然在行为动作上会表现出放松的状态。

（3）看顾客的双脚。通常，人们在撒谎的时候，其身体的某个部分会出卖他们。客户如果拿“离开”作为威胁条件使得销售员降价，但他的双脚根本没有一点离开的举动，那么，客户很明显是在撒谎，说明顾客还是在试探商家的价格底线。这时候，谁能坚持到最后，谁就是赢家。

3.成交的表情信号

（1）客户盯住产品，不肯把视线从产品上移走。

（2）顾客由紧闭嘴唇到面部表情开始放松。

（3）表情由冷漠、怀疑、拒绝变为热情、亲切、轻松自然。

4.成交的进程信号

（1）转至更为严肃的交谈场所。这样做体现了客户对你们交谈内容的重视，比如：客户原本邀请你在公共区域，后转至会议室，这就表明客户开始有购买意向了。

（2）销售员在订单上书写内容做成交付款动作时，顾客没有明显的拒绝和异议。

（3）向销售员介绍真正的决策人，如主动向销售人员介绍“这是我们主管”“我们家的所有购买行为都是我太太做主”等。

当然，不同的客户在销售的不同阶段，所发出的成交信号也是不同的，但聪明的销售员会根据具体情况，仔细观察，不断揣摩与分析，成功识别出客户发出的成交信号，然后拿下订单。

销售员在识别了顾客的成交信号后，还要注意以下事宜：

首先不要过于木讷，以至于客户对你发出了成交信号后，你仍然浑然不觉，导致了客户的流失。

其次要准确地识别客户的成交信号，要知道，错误地识别客户的信号和没有识别出信号是同样的效果，而且，这完全是在浪费客户和你自己的时间和精力。

最后要善于观察和分析，因为谁想购买产品，都不会直接说出来。

强势收尾：如何为客户“拍板”

在销售的成交阶段，不少销售人员会发现，我们越是以正面的、积极的方式去劝服一个人接受一件事，结果越容易招致其反感，而如果我们能主动、大胆地为客户做决定，客户反倒会被我们的信心折服、减少不安，最终爽快签约。因此，在销售过程中，适时帮客户拿主意也是一种促成交易的极佳策略。

理查德是一个教育书籍推销员，他的销售记录一直是该行业销售员中的第一，他有自己独特的成交秘籍。

有一次，当有位女士表示对他的商品没有兴趣后，理查德一言不发地站在原地，一脸不敢置信的表情。接着他说：“乔治太太，您的意思是不帮孩子买这些书籍？您知不知道自己在做些什么？您准备袖手旁观，任由孩子独自面对未来的竞争！您这样做等于让孩子丧失竞争的能力。您只不过一天投资几块钱，就可以为孩子提供更好的教育机会，而您竟然不愿意，宁可让他们自求多福！”

“我不相信您会这么做，乔治太太。只不过在一个月中，一天只花几块钱，您的孩子就可以大大扩展知识面。我相信您愿意投资这些钱，让自己的孩子有个好的开始。”

经过理查德的这种强硬说服，乔治太太最后接受了他的建议。

面对犹豫的客户，理查德显然冒了一次险。虽然他的语气比较强硬，甚至略微带有责备的意思，但句句在理，所以客户绝不会为此而动怒，反而会感激理查德的提醒，最终接纳了理查德的引导，决定购买。

可见，在销售中，当客户犹疑不决的时候，销售员一定要及时采取措施，甚至不妨冒险一下。

那么，我们该怎样帮助客户做决定呢？

1.不妨语气强硬些

范例中的理查德运用的就是这一方法。有时对待无限拖延的客户也可以用此招，面对这种状况，我们要学扑克牌高手说："先生，请摊牌。"

使用此法时应谨慎，而且运用技巧必须非常娴熟，并且要根据客户的具体个性特征与接受能力，掌握好语气及用词的度，否则只会适得其反。

2.暗示法

在现代心理学中，暗示是经常被运用的一种心理技巧。暗示法就是通过暗示引导顾客参考别人的看法，来坚定顾客自己的判断。在销售中，我们也可以通过暗示法来帮客户拿主意，比如，"这套衣服多显档次啊，您送给太太，她一定会很高兴的"。

当然，还有许多促进成交的方法，在实际的促销过程中需要根据不同的顾客，采用不同的促进成交策略。

总之，只要善于观察和总结，每个人都能够成为销售高手。所有的营销理论与技巧，无非都是来源于日常生活，同时服务于日常生活。但使用这些技巧帮助客户作出决定的时候，我们还要注意以下两点：

（1）与客户交谈的语气一定要把握好度，要技巧娴熟。

（2）有些客户并不喜欢别人给自己做决定，销售人员要善于观察，对于这种客户，要循循善诱。

总之，在销售的过程中，作为销售人员，我们有时候不必对客户言听计从，当客户迟迟不肯成交时，不妨适时采取一些心理策略，帮助客户迅速达成成交，缩短销售时间，同时也能提升销售效率。

一步到位：解决成交前的所有障碍

一般在提议成交后，会有客户拖延购买，他们会常常说出“我会考虑一下”“我们要搁置一下”“让我想一想”等诸如此类的话语，这就使成交一度停滞。如果困难不能顺利解决，则意味着前期的销售工作前功尽弃。其实，客户之所以迟迟不肯成交，总是有一些心理原因的，这需要我们运用一些销售技巧，加以观察和换位思考，找到顾客的拒绝理由，然后加以引导，就能逐步解决。下面是一位销售人员的一点销售经验：

“我是一位金银首饰店的销售人员。一次，我接待了一位客户，她说她要购买耳环，我给她介绍了一款，她倒是十分喜欢，但是她还想再到别处去逛逛，说要考虑一下。当时店里正好有促销活动，买到一定数额就有精美礼品赠送，于是我就给她介绍，让她先看看赠品，果然看了之后，她非常喜欢一款毛衣挂件，但是她还是抑制住了自己的喜悦，说先看看再说。于是我劝她，这是我店里的一个促销活动，礼品有限，送完为止，如果有喜欢的，最好还是尽快买下来吧，不然过了这个村可就没这个店了。在几分钟的沉默之后，她还是决定买下来了……”

案例中的这位销售人员的引导技巧值得我们学习，他在成交过程中遇到的问题，几乎每位销售员都会遇到。但无论客户提出什么反对意见，我们都要保持耐心，然后找出客户不肯成交的理由，逐一化解之后，是能劝服其购买的。

销售中遇到的困难，需要销售员在即将成交时对症下药进行化解，为此，我们要做到以下几点：

1.客户耐性太好，始终不肯成交

面对这种情况，销售员就更要和客户比耐性，谁能坚持，谁的心理素质好，谁就能取得最后的胜利。销售员要明白，没有一个客户能不明情况就购买某件产品，为了保证自己能买到放心的产品，他们一般都会先拒绝，然后任由销售员来劝服自己，从而证明产品物有所值。如果顾客一拒绝，销售员就撤退，顾客对销售员也不会有什么印象。所以在成交的过程中，销售员更要坚持到底，因为是否成交是决定销售成败的最终标准。

2. 客户对促销产品心存疑虑

很多商家为了吸引客户，会采取促销的方式，这样做不免会引起客户对产品质量的质疑：是不是产品存在问题，所以在降价呢？在这种情况下，销售员一定要做好引导和解释工作，让客户知道促销的原因，比如，你可以告诉客户：“正是因为质量好，商场盈利大，才降价回馈客户，这也是薄利多销。”虽然所有的行动都是你安排的，但顾客却认为是自己占了便宜。

3.客户满意产品，却又迟迟不肯成交

有这样一些客户，他们对某件产品很感兴趣，但因为一些其他原因，比如，暂时不需要或者认为可买可不买，他们会采取观望的态度，迟迟不肯成交。对于这种情况，销售员要主动采取措施，比如加压。当然，这不是强迫，而是一种心理策略，使顾客无形中感到一种压力，让他们主动提出成交。

当然，这也不失为一种冒险的措施，因此，销售员一定要做好准备，同时要有灵活的应变能力，否则，很容易弄巧成拙，激怒客户。销售人员还需要注意以下几点：

（1）越是在成交将近时，越是不能心浮气躁、急于求成，否则很容易前功尽弃。

（2）如果客户在最后关头仍然刁难你，你也要理解，毕竟这是一场“较量”的最后关头。

（3）将服务进行到底，不要因为客户即将签约而放弃或松懈对客户的服务意识。

一个销售员拥有一副好口才固然重要，但更要善于运用心理技巧，为自己的销售事业添砖加瓦！

参考文献

[1]李敏.销售心理学[M].北京：中国法制出版社，2019.

[2]谭慧.每天学点销售心理学大全集[M].北京：中国华侨出版社，2011.

[3]刘川.3分钟打动人心的销售心理学[M].天津：天津人民出版社，2016.

[4]陆冰.销售如何说，顾客才会听　销售如何做，顾客才会买[M].苏州：古吴轩出版社，2016.